E-mails del Cielo

—para jóvenes—

Tom Forham
Sue Labre

Grupo Editorial Lumen

Buenos Aires-México

Colección: **Vida feliz**
Coordinación gráfica: Lorenzo Ficarelli
Diagramación: Coral Izaguirre

ISBN: 987-00-0081-9

No está permitida la reproducción total o parcial de este libro, ni su tratamiento informático, ni su transmisión de ninguna forma, ya sea electrónica, mecánica, por fotocopia, por registro u otros métodos, ni cualquier comunicación pública por sistemas alámbricos o inalámbricos, comprendida la puesta a disposición del público de la obra de tal forma que los miembros del público puedan acceder a esta obra desde el lugar y en el momento que cada uno elija, o por otros medios, sin el permiso previo y por escrito del editor.

© Editorial Distribuidora Lumen SRL, 2001

Grupo Editorial Lumen
Viamonte 1674, (C1055ABF) Buenos Aires, República Argentina
☎ 4373-1414 (líneas rotativas) • Fax (54-11) 4375-0453
E-mail: editorial@lumen.com.ar
http//:www.lumen.com.ar

Atenas 42,
(06600) México D. F. México
☎ (52-5) 592-5311 • Fax (52-5) 592-5540

Hecho el depósito que previene la Ley 11.723
Todos los derechos reservados

LIBRO DE EDICIÓN ARGENTINA
PRINTED IN ARGENTINA

Presentación

Nos preguntaron cómo habíamos concebido la idea de escribir este libro. En realidad, nuestra experiencia de haber trabajado con jóvenes como ustedes, nuestros lectores, nos movilizó y sensibilizó en relación con las preguntas que nos hacen, con las actitudes que asumen en torno a la espiritualidad y los textos religiosos.

Tenemos una anécdota al respecto. Hablábamos con nuestros alumnos de arrepentimiento en relación con un conflicto que se había suscitado entre ellos; de pronto, se nos ocurrió citar los Salmos, y especialmente la figura del rey David arrepentido. Dos de nuestros mejores alumnos, los más estudiosos y lectores de la Biblia, nos miraron, dudaron y fueron rápidamente a rastrear lo que decíamos; en realidad, habían leído el texto muchas veces, pero nunca lo habían trasladado a sus propias vidas.

Esta simple historia es ilustrativa de la distancia que, a veces, ustedes, los jóvenes, establecen entre lo que estudian o leen y su realidad cotidiana.

Los *E-mails del Cielo* intentan facilitar ese acercamiento. La alternativa de elegir el formato del correo electrónico, tan cercano a ustedes, nos pareció lo más ajustado, por su brevedad, fácil vocabulario y ágil diagramación.

Quisimos entregarles la palabra del Padre, en su papel de amigo, de maestro, de protector, mostrándolo afable, solícito o contundente a veces.

Nos pareció propicio acompañar algunos e-mails con documentos adjuntos que, trayendo el mensaje de Juan Pablo II, ayudaran a la reflexión de ciertos temas.

Finalmente, la inclusión de poemas o cuentos nos pareció un modo de transmitirles vivencias interesantes de autores reconocidos.

Esta obra pretende acercar la Palabra de Dios a los jóvenes lectores y ayudarlos a reflexionar sobre los temas que los conmueven y los preocupan: el amor, la fe, la amistad, la intolerancia, la familia.

Estos e-mails son un llamado a las chicas y chicos, para que tomen conciencia de su papel en la sociedad, y los convocan a una actitud solidaria y transformadora.

Los autores

¡Tienes un e-mail!

 **Importancia** | **Alta** |

Tienes un mail en tu bandeja de entrada.
Adivina de quién. ¡Sí, es lo que sospechabas!
Tienes un mail de Dios.

Claro está que no se trata de un mail escrito "directamente" por Dios. Dios no necesita valerse de líneas telefónicas, servidores o cablemodem para comunicarse con sus hijos. Él es mucho más personal: habla directo al corazón. Tan directo es, que a veces no sabemos escucharlo.

Por eso, estos mails son sólo una forma más para descubrir la Palabra de Dios (¡y hay muchas otras!). Tu bandeja está ahora llena de mails de Dios, que parten de su Palabra, de un texto de la Biblia, y lo aplican muy personalmente a tu vida cotidiana.

Sí, a la tuya.

No mires para el costado.

No pienses que "esto se aplica perfecto a Fulanito".

Dios quiere establecer contacto CONTIGO.

En su libreta de direcciones, figuras como su *hijo predilecto*.

Estás por abrir tu mail. Pero lo importante viene después. Puedes hacer clik en la casilla para ARCHIVARLO en alguna olvidada bandeja de la memoria; puedes (¡debes!) RESPONDER (con tu vida); y hasta puedes REENVIAR el mail a otros tantos como tú que esperan recibir un mail del Cielo.

La llamada viene de Dios... pero la respuesta es tuya.

El editor

E-mails del Cielo

¡ESTOY CONTIGO!

"Replicó Moisés:
—¿En qué se conocerá que yo y mi pueblo gozamos de tu favor sino en el hecho de que vas con nosotros? Esto nos distinguirá a mí y a mi pueblo de los demás pueblos de la tierra.
El Señor respondió:
—También esa petición te la concedo, porque gozas de mi favor y te trato personalmente."

Éxodo 33, 13-17

Mi querido muchacho:

Eres mi hijo y yo te protejo. Confía en mí, camina por la vida con alegría y la esperanza cierta de tener a un padre que siempre te cuidará. ¿Tienes miedo?, ¿sufres?, ¿algo te inquieta?, ¿no sabes cómo enfrentar el futuro?
¡Eres tan joven! Yo estoy contigo desde el comienzo del tiempo. ¿Por qué temes? Recuerda que mi Hijo te enseñó que todo es cuestión de confianza (cf. 1 Jn, 5).
Cada vez que te salga algo mal, cada vez que las cosas no sean como quieres, cada vez que, en fin, creas que la vida te juega una mala pasada, eleva los ojos al cielo, piensa en las cosas hermosas que te he regalado. ¿Puedes dudar de que estoy contigo? Yo te he dado la vida y te conduciré a la eternidad.

Tu Creador

== == == == == ========

E-mails del Cielo

FALSOS ÍDOLOS

"Para nosotros existe un solo Dios, el Padre, que es principio de todo y fin nuestro, y existe un solo Señor, Jesucristo, por quien todo existe y también nosotros."

1 Corintios   **8, 6**

Querido hijo:

A tu alrededor se habla de ídolos de todo tipo. El mundo te presenta falsos dioses, arquetipos de la moda, modelos de una vida *mejor.* Recuerda que sólo yo te puedo dar la paz, la felicidad y la serenidad que necesitas para caminar. Sé que a veces te confunde el constante bombardeo de ilusiones que te venden mundos mágicos, maravillas esotéricas, soluciones prodigiosas. No te engañes. Mi Hijo te enseñó: "Guardaos de los falsos profetas, que se os acercan disfrazados de ovejas y por dentro son lobos rapaces" (Mt 7, 14).

Yo tengo para ti todas las respuestas, busca en tu corazón y hallarás los caminos.

Libertad.doc

Tu Padre celestial

=== === == ========

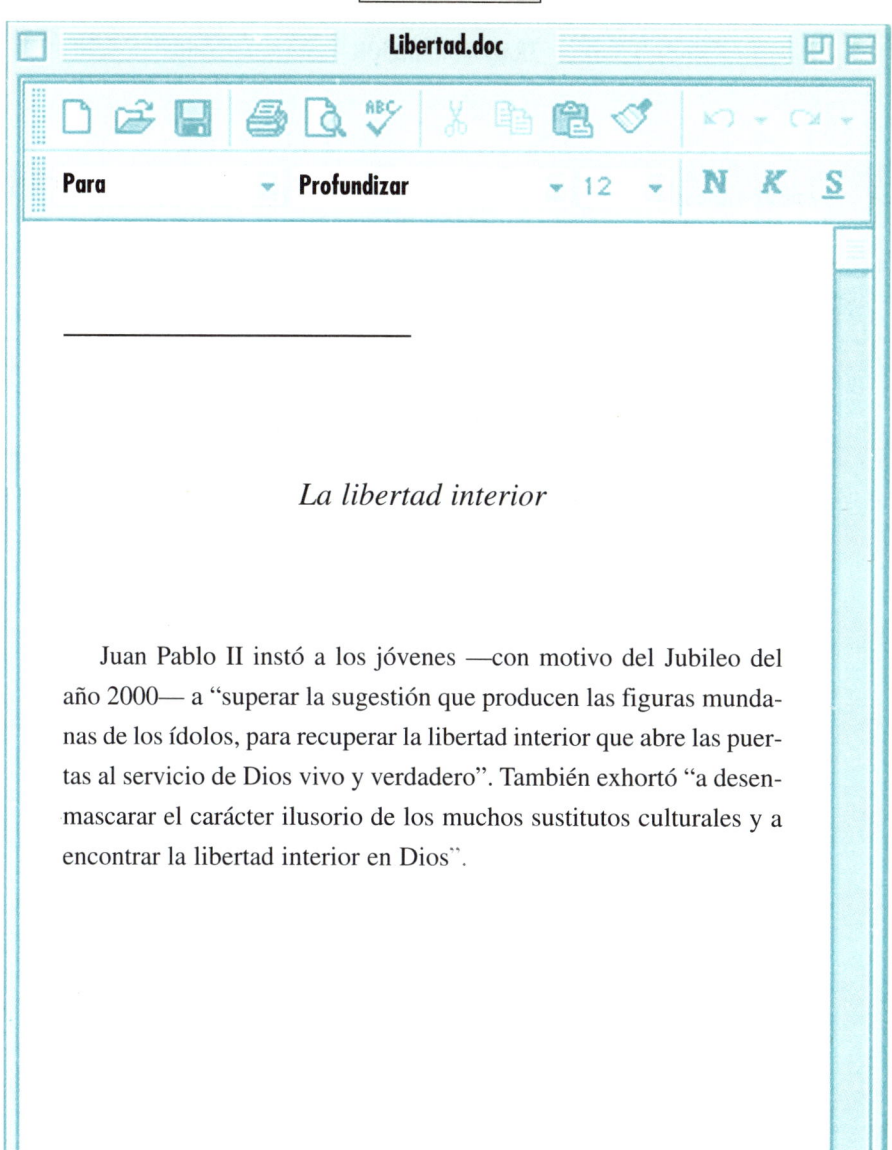

La libertad interior

Juan Pablo II instó a los jóvenes —con motivo del Jubileo del año 2000— a "superar la sugestión que producen las figuras mundanas de los ídolos, para recuperar la libertad interior que abre las puertas al servicio de Dios vivo y verdadero". También exhortó "a desenmascarar el carácter ilusorio de los muchos sustitutos culturales y a encontrar la libertad interior en Dios".

TRANSFORMACIÓN

"El hombre bueno saca cosas buenas de su tesoro interior bueno; el malo saca lo malo de su tesoro malo. Porque de lo que rebosa el corazón habla la boca."

Lucas 6, 45

Mi joven muchacho:

Tenemos una cita, no sólo en este canal de chateo, no basta con leer mi palabra, debes hacer de ella tu acción cotidiana, acércate a mí con el corazón alegre, deja de lado todo lo malo, todas tus ambiciones, tu orgullo...
¿Tienes debilidades?, ¿estás intentando tu transformación? Yo te rodearé con mis brazos llenos de luz y, puedes estar seguro, te protegeré, y te daré las fuerzas para continuar.

Protagonistas.doc

El que siempre te alienta

=== === == =========

Los jóvenes son protagonistas

La Iglesia mira a los jóvenes; es más, la Iglesia de manera especial se mira a sí misma en los jóvenes, en todos vosotros y, a la vez, en cada una y en cada uno de vosotros. Así ha sido desde el principio, desde los tiempos apostólicos. Las palabras de san Juan en su Primera Carta pueden ser un singular testimonio: "Os escribo, jóvenes, porque habéis vencido al maligno. Os escribo a vosotros, hijos míos, porque habéis conocido al Padre (...). Os escribo, jóvenes, porque sois fuertes y la palabra de Dios habita en vosotros" (1 Jn 2, 13 y ss.) (...). En nuestra generación, también la Iglesia se mira a sí misma en los jóvenes.

Los jóvenes no deben considerarse simplemente como objeto de la solicitud pastoral de la Iglesia; son de hecho —y deben ser incitados a serlo— sujetos activos, protagonistas de la evangelización y artífices de la renovación social. La juventud es el tiempo de un descubrimiento particularmente intenso del propio "yo" y del propio "proyecto de vida"; es el tiempo de un crecimiento que ha de realizarse "en sabiduría, en edad y en gracia ante Dios y ante los hombres" (Lc 2, 52).

Como han dicho los Padres sinodales, "la sensibilidad de la juventud percibe profundamente los valores de la justicia, de la no violencia y de la paz. Su corazón está abierto a la fraternidad, a la amistad y a la solidaridad. Se movilizan al máximo por las causas que afectan a la calidad de vida y a la conservación de la naturaleza. Pero también están llenos de inquietudes, de desilusiones, de angustias y miedo del mundo, además de las tentaciones propias de su estado".

Juan Pablo II, *Carta a las jóvenes y a los jóvenes del mundo,* 1985

DESCUBRIRTE

"Mirad, yo voy a crear un cielo nuevo y una tierra nueva; de lo pasado no haya recuerdo ni venga pensamiento, más bien gozad y alegraos siempre..."

Isaías 65, 17; 18

Hijo mío:

Estás descubriendo tu propio yo, ése es el tiempo de la juventud. Traza tu proyecto de vida. Crecer implica dejar de lado ciertos aspectos. Recuerda que cargas con un equipaje a veces de sueños y a veces de conflictos. Es tu decisión dejar lo que estorba y crecer espiritualmente. Desarrolla la fortaleza, vence el temor, mantén el mejor ánimo en los momentos difíciles, huye de todo lo que te puede perturbar.

Si miras de frente a la vida y elevas los ojos al cielo, crecerá en ti el vigor, la fuerza moral y psicológica de los espíritus esforzados y valientes. Desarrolla la voluntad que te conducirá a la autorrealización.

Tu Guía espiritual

== == === ==========

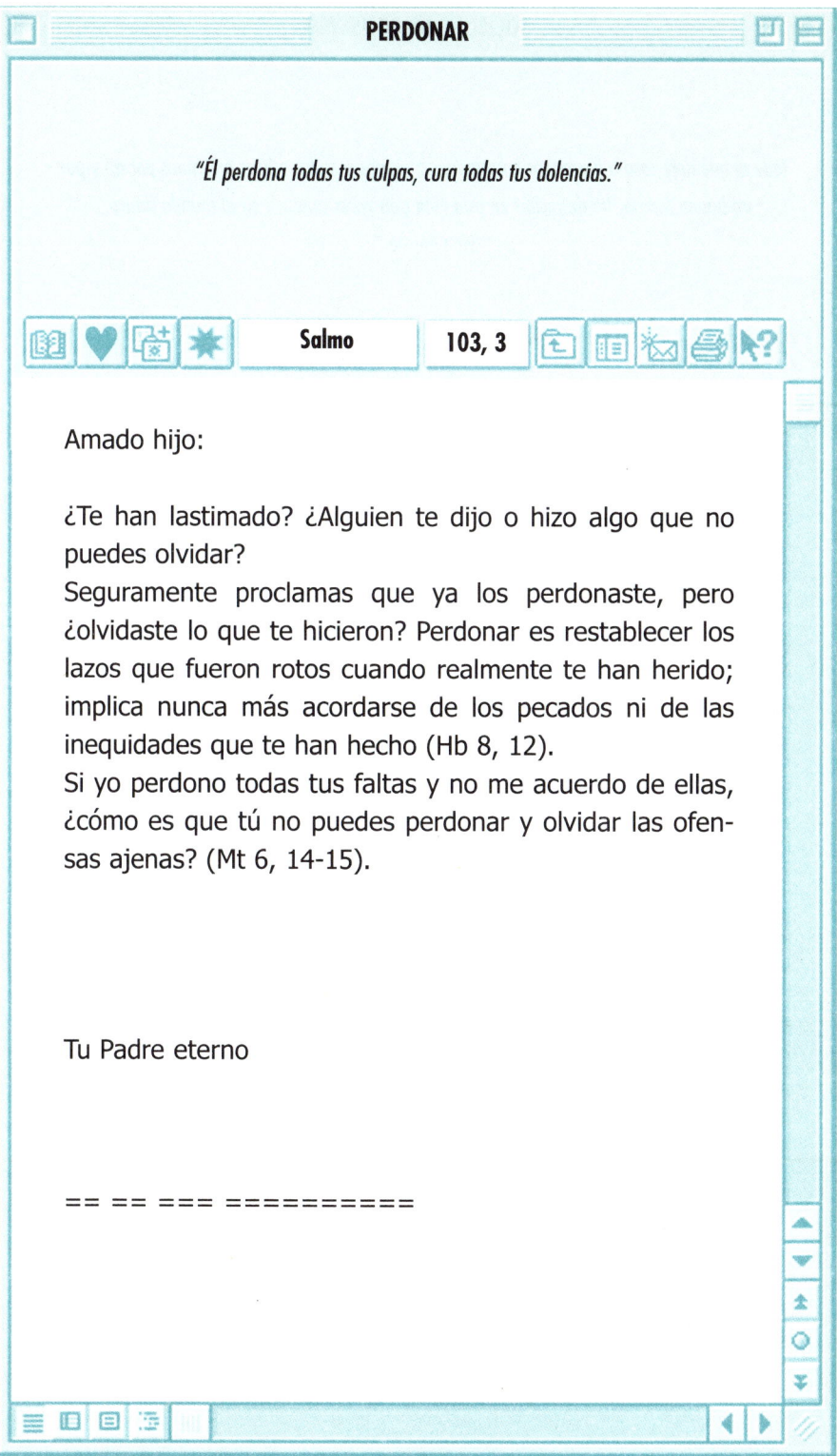

E-mails del Cielo

PERDONAR

"Él perdona todas tus culpas, cura todas tus dolencias."

Salmo 103, 3

Amado hijo:

¿Te han lastimado? ¿Alguien te dijo o hizo algo que no puedes olvidar?

Seguramente proclamas que ya los perdonaste, pero ¿olvidaste lo que te hicieron? Perdonar es restablecer los lazos que fueron rotos cuando realmente te han herido; implica nunca más acordarse de los pecados ni de las inequidades que te han hecho (Hb 8, 12).

Si yo perdono todas tus faltas y no me acuerdo de ellas, ¿cómo es que tú no puedes perdonar y olvidar las ofensas ajenas? (Mt 6, 14-15).

Tu Padre eterno

== == === ==========

SOCIEDAD DE CONSUMO

"Todo el que deje casa o hermanos o hermanas o madre o padre o hijos o campos por mí y por mi buena noticia, ha de recibir en esta vida cien veces más... y en el mundo futuro, vida eterna."

Marcos 10, 29-30

¡Qué buena música! Y esa bicicleta que tanto te encanta... Ni hablar de la ropa de moda. No hay posibilidad de usar otra, ésa es la mejor...

Cuántas cosas materiales te rodean y a cuántas aspiras como único bien. Acaso no hay otras expectativas en tu vida que conseguir esto o aquello que tienen tus amigos. Tener, tener, tener, parece ser la única frase en una sociedad plagada de consumo. ¿Y qué hay de *tener* un espíritu mejor, una entrega total, un alma generosa? ¿Has oído hablar del *sacrificio*?

¿Puedes, por un momento, pensar cómo sería tu vida si te desprendieras de tanto deseo material? Haz la prueba, la experiencia te va a fascinar.

Sacrificio.doc

Tu Padre y Amigo

== == == ============

Un cuento

Estaban todas las virtudes y defectos reunidos en un parque. Como se sentían aburridos, la animación propuso jugar a las escondidas. La organización inmediatamente delimitó el área de juego y puso las reglas.

Nadie quería quedarse a contar, todos querían esconderse, pero, finalmente, el sacrificio lo hizo. Mientras contaba, todas las virtudes y defectos corrieron a esconderse:

La pereza lo hizo detrás del árbol más cercano.

La perseverancia intentó subirse a una alta palmera.

La creatividad se pintó de verde y se acostó sobre el pasto.

La ingenuidad se escondió tras el sacrificio, pensando que éste no la vería.

Por último, el amor se escondió en un rosal.

Cuando el sacrificio terminó de contar, salió a buscar a todas las virtudes y defectos. Subió a los árboles, escarbó la tierra, revisó el pasto y los fue encontrando a todos, uno por uno. Pero no encontraba al amor.

Buscó por todas partes, hasta que se le ocurrió ir a donde estaba el rosal. Se metió por entre las rosas y las espinas. Lo herían, pero no le importaba. De pronto, apartó una de las rosas, con tanta fuerza, que una de sus espinas se clavó en los ojos del amor, que se encontraba allí escondido.

Como el amor no podía ver, el sacrificio se ofreció a ser su lazarillo.

Desde entonces se dice que el amor es ciego y que siempre va de la mano del sacrificio.

UNA VIDA SANTA

"Acuérdate de tu Hacedor durante tu juventud, antes de que lleguen los días aciagos, (...) teme a Dios y guarda sus mandamientos, porque esto es ser hombre, que Dios juzgará todas las acciones, aun las ocultas, buenas y malas."

Eclesiastés 12, 1. 13-14

Querido hijo:

Vive una vida santa, recuerda todo lo que he hecho y todo lo que haré por ti. Sé sincero, primero contigo y luego con los demás. Aunque a veces te parezca difícil y las opciones sean tentadoras, actúa con rectitud. ¿Un amigo te engañó, no sacaste notas muy buenas en la escuela, tus padres discuten, hay problemas económicos en tu familia? Responde a cada hecho negativo que la vida te muestre con tu entereza. A veces es difícil, no lo dudo, pero si amas la verdad y procedes con justicia, tus actos te acercarán a mí.

Entra en la historia como un mensajero evangélico de paz, de libertad, de esperanza para la humanidad.

Como joven, eres el valiente testigo y anunciador del tercer milenio cristiano, no haces más que transitar el camino hacia mi Casa que es, en definitiva, la senda al encuentro contigo mismo y con tus hermanos. Como alguna vez dije a Pablo: "no temas, sigue hablando, y no te calles, que yo estoy contigo y nadie podrá hacerte daño" (Hch 18, 9-10).

Tu Padre fiel

Padre.doc

Un Dios cercano

Revelada en Cristo, la verdad acerca de Dios como "Padre de la misericordia", nos permite "verlo" especialmente cercano al hombre, sobre todo cuando sufre, cuando está amenazado en el núcleo mismo de su existencia y de su dignidad. Debido a esto, en la situación actual de la Iglesia y del mundo, muchos hombres y muchos ambientes guiados por un vivo sentido de fe se dirigen, yo diría casi espontáneamente, a la misericordia de Dios. Ellos son ciertamente impulsados a hacerlo por Cristo mismo, el cual, mediante su Espíritu, actúa en lo íntimo de los corazones humanos. En efecto, revelado por Él, el misterio de Dios "Padre de la misericordia" constituye, en el contexto de las actuales amenazas contra el hombre, como una llamada singular dirigida a la Iglesia.

Juan Pablo II, *Dives in misericordia,* 2.

E-mails del Cielo

¿QUIÉN ES DIOS?

"Grande es el Señor, muy digno de alabanza, su grandeza es insondable."

Salmo 145, 3

Querido jovencito:

Alguna vez un faraón preguntó: "¿Quién es el Señor para que tenga que obedecerle...?" (Ex 5, 2). Sabes, es una buena pregunta, pero yo tengo la respuesta; recuerda que *"Soy el Señor, tu Dios, el que te quita de encima las cargas de los egipcios, te llevaré a la tierra que prometí"* (Ex 6, 7-8). No te angusties si no puedes entender totalmente todo lo que puedo hacer por ti. A veces me presento de los modos más extraños, puedo sorprendente en la sonrisa de un niño, en el nacimiento de un hermano, en la mano cariñosa de tu abuelo, en los brazos de tus padres.

Estoy en todos y en cada uno de los seres que te rodean, en la naturaleza, en tus amigos. Mira, existe un Libro que te dará muchas respuestas acerca de mi persona. Sabrás mucho más de mí cuando estés a mi lado, pero hasta ese día, el Espíritu Santo te ayudará a entender en tu meditación. Ora y ten fe.

Tu Salvador

== == == ========= =

E-mails del Cielo

ALGUNAS RESPUESTAS

"Vosotros sois la luz del mundo. No puede ocultarse una ciudad construida sobre un monte. No se enciende un candil para taparlo con un celemín, sino que se pone en el candelero para que alumbre a todos en la casa. Brille vuestra luz ante los hombres de modo que, al ver vuestras buenas obras, glorifiquen a vuestro Padre en el cielo."

Mateo 5, 14-16

Hola:
¿Estás allí? Recuerda que siempre yo estoy aquí. Siempre.
Por eso, cuando dices:
- "Es imposible."
    Yo te digo: Todo es posible. (Lc 18, 27)
- "Estoy muy cansado."
    Yo digo: Yo te haré descansar. (Mt 11, 28-30)
- "No puedo resolver las cosas."
    Yo te digo: Yo dirijo tus pasos. (Pr 3, 5-6)
- "Yo no lo puedo hacer."
    Yo te digo: Todo lo puedes hacer. (Flp 4, 13)
- "No vale la pena."
    Yo te digo: Sí valdrá la pena. (Rm 8, 28)
- "No me puedo perdonar."
    Yo te digo: Yo te perdono. (1 Jn 1, 9, y Rm 8, 1)
- "Tengo miedo."
    Yo te digo: No te he dado un espíritu de temor. (1 Tm 1, 7)
- "Siempre estoy preocupado y frustrado."
    Yo te digo: Echa tus cargas sobre mí. (1 P 5, 7)
- "No tengo suficiente fe."
    Yo te digo: Yo le he dado a todos una medida de fe. (Rm 12, 3)
- "No soy suficientemente inteligente."
    Yo te digo: Yo te doy sabiduría. (1 Co 1, 30)
- "Me siento muy solo."
    Yo te digo: Nunca te dejaré. (Hb 13, 5)
Si crees y tienes fe, yo seré siempre tu consuelo.

Quien más te ama

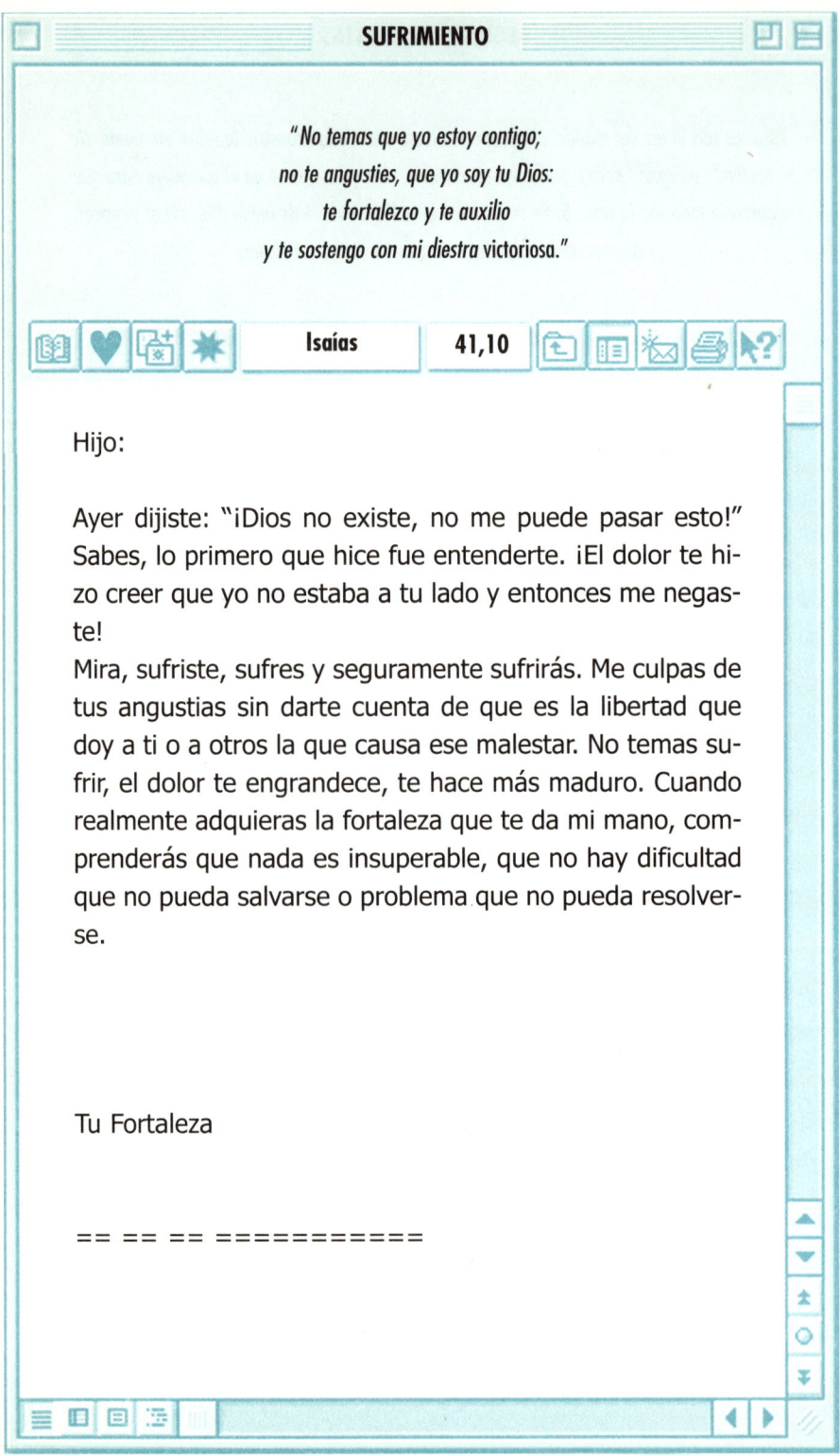

SUFRIMIENTO

*"No temas que yo estoy contigo;
no te angusties, que yo soy tu Dios:
te fortalezco y te auxilio
y te sostengo con mi diestra victoriosa."*

Isaías 41,10

Hijo:

Ayer dijiste: "¡Dios no existe, no me puede pasar esto!" Sabes, lo primero que hice fue entenderte. ¡El dolor te hizo creer que yo no estaba a tu lado y entonces me negaste!

Mira, sufriste, sufres y seguramente sufrirás. Me culpas de tus angustias sin darte cuenta de que es la libertad que doy a ti o a otros la que causa ese malestar. No temas sufrir, el dolor te engrandece, te hace más maduro. Cuando realmente adquieras la fortaleza que te da mi mano, comprenderás que nada es insuperable, que no hay dificultad que no pueda salvarse o problema que no pueda resolverse.

Tu Fortaleza

== == == ============

¡SÉ TÚ MISMO!

"¡Bendito quien confía en el Señor y busca en él su apoyo! Será un árbol plantado junto al agua, arraigado junto a la corriente, cuando llegue el bochorno, no temerá; su follaje seguirá verde, en año de sequía no se asusta, no deja de dar fruto."

2 Jeremías   17, 7

Hijo mío:

¡Tantas horas frente a la TV! ¿Qué hay de compartir un buen libro, una charla con amigos, un tiempo para pintar o interpretar música? Te sientas allí, como captado por una fuerza de la que no puedes apartarte. ¡Suelta ya las amarras!
Nada te ata a esos falsos modelos, a esas modas foráneas, a esos estilos de vida que nada se parecen al que vives en tu familia.
Sé tú mismo, creativo, inteligente, activo, el mejor árbol de mi huerto. No lo dudo, siempre darás el mejor fruto; estoy de tu parte, no lo olvides.

Tu Fuente de vida

== == === == =======

DECISIONES DIFÍCILES

"Por todas partes nos aprietan, pero no nos ahogan; estamos apurados, pero no desesperados; somos perseguidos, pero no desamparados; derribados, pero no aniquilados; siempre transportando en el cuerpo la muerte de Jesús, para que se manifieste en nuestro cuerpo la vida de Jesús."

2 Corintios 4, 8-10

Mi joven muchacho:

Hoy es un día especial. Tienes que tomar una decisión y no sabes qué hacer. Es difícil, ya no eres un niño y debes decidir. Seguramente estás lleno de dudas pero también de deseos; es posible que en el camino encuentres inconvenientes.

Quizás algo te haya desilusionado o te causó dolor. Entonces, es un buen momento para que nos reencontremos. Sígueme, yo te he dado todos los talentos y tú desarrollarás las energías para salir airoso.

Tu Protector

== == === == ========

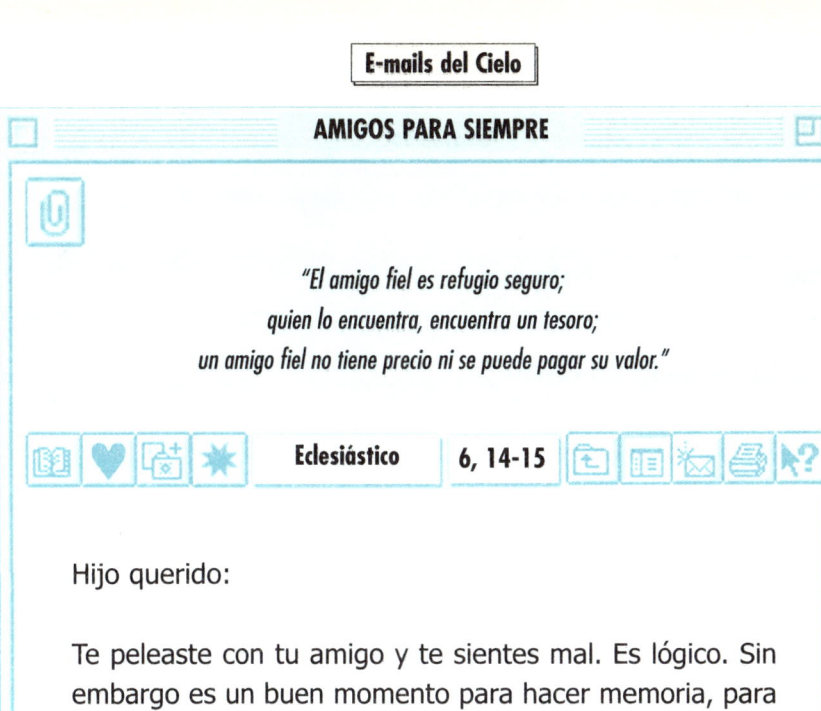

"El amigo fiel es refugio seguro;
quien lo encuentra, encuentra un tesoro;
un amigo fiel no tiene precio ni se puede pagar su valor."

Eclesiástico 6, 14-15

Hijo querido:

Te peleaste con tu amigo y te sientes mal. Es lógico. Sin embargo es un buen momento para hacer memoria, para recordar los buenos ratos que pasaron juntos, cuando compartieron alegrías, salidas y aun dificultades.
Piensa en aquel día en que estuvo a tu lado para ayudarte sin pedirte nada a cambio, cuando te escuchó y te alentó. Y aquel otro momento en que, desinteresadamente, se quedó contigo hasta muy tarde. Reflexiona, ¿acaso no puedes contar con él siempre que lo necesitas?
¡Claro que sí! ¿Y él, puede contar contigo?

Amistad.doc

Tu gran Amigo

La verdadera amistad

Si tienes un amigo, has merecido un don divino.

La amistad leal, sincera, desinteresada, es la verdadera comunión de las almas.

La verdadera amistad perdura y se fortalece a través del tiempo y la distancia.

No se necesita ver frecuentemente al amigo para que la amistad perdure; basta saber que éste responderá cuando sea necesario, con un acto de afecto, de comprensión y aun de sacrificio.

La amistad no se conquista, no se impone; se cultiva como una flor; se abona con pequeños detalles de cortesía, de ternura y de lealtad; se riega con las aguas vivas de desinterés y de cariño silencioso.

El recuerdo del amigo lejano, del amigo de la niñez o el de la juventud, produce la íntima alegría de haberlo conocido. Nuestra vida se enriqueció con su contacto, por breve que haya sido.

La felicidad del amigo nos da felicidad, sus penas se vuelven nuestras porque hay un maravilloso lazo invisible que une a los amigos.

Para el que tiene un amigo, no existe la soledad...

Anónimo

ALGO SALIÓ MAL

"Venga a nosotros la bondad del Señor nuestro Dios, consolida la obra de nuestras manos."

Salmo 90, 17

Querido hijo:

Déjame guiarte. A veces te parece que el mundo se te viene encima, ¡que no hay salida! Claro que la hay. Yo siempre estaré a tu lado, confía.

A veces las cosas no salen como uno quiere; esta vez tus planes fracasaron. Sin embargo, en algún rincón del camino, allá, más adelante, encontrarás la respuesta. Algún día recibirás explicaciones a tus porqués. Todo está en mis manos. Ten fe.

Lentes.doc

Tu Guía

=== == == ==========

Los lentes de mi abuelo

Mi abuelo amaba la vida (especialmente cuando podía hacerle una broma a alguien). Hasta que un frío domingo, en Chicago, mi abuelo pensó que Dios le había jugado una broma. Entonces no le causó mucha gracia. Él era carpintero. Ese día había estado en la iglesia haciendo unos baúles de madera para la ropa y otros artículos que enviarían a un orfelinato en China. Cuando regresaba a su casa, metió la mano en el bolsillo de su camisa para sacar sus lentes, pero no estaban ahí. Él estaba seguro de haberlos puesto allí esa mañana, así que regresó a la iglesia, los buscó, pero no los encontró. Entonces se dio cuenta de que los lentes se habían caído del bolsillo de su camisa, sin que él se diese cuenta, mientras trabajaba en los baúles que ya había cerrado y empacado. ¡Sus nuevos lentes iban camino a China!

La Gran Depresión estaba en su apogeo y mi abuelo tenía seis hijos; había gastado 20 dólares en esos lentes.

—No es justo, —le dijo a Dios mientras manejaba frustrado de regreso a su casa—. Yo he hecho una obra buena donando mi tiempo y dinero, y ahora esto...

Varios meses después, el director del orfelinato estaba de visita en Estados Unidos. Quería visitar todas las iglesias que lo habían ayudado cuando estaba en China, así que llegó un domingo por la noche a la pequeña capilla donde asistía mi abuelo. Éste y su familia estaban sentados entre los fieles, como de costumbre. El misionero empezó por agradecer a la gente por su bondad al apoyar al orfelinato con sus donaciones.

SIGUE

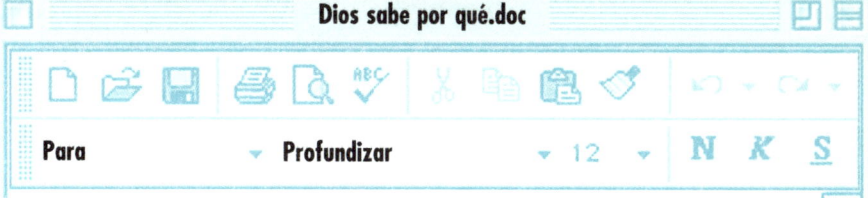

—Pero más que nada —dijo—, debo agradecerles por los lentes que mandaron. Verán, los guerrilleros habían entrado al orfelinato, destruyendo todo lo que teníamos, incluyendo mis lentes. ¡Estaba desesperado! Aun cuando tuviera el dinero para comprar otros, no había dónde. Además de no poder ver bien, todos los días tenía fuertes dolores de cabeza, así que mis compañeros y yo estuvimos pidiendo mucho a Dios por esto. Entonces llegaron sus donaciones. Cuando mis compañeros sacaron todo, encontraron unos lentes encima de una de las cajas.

El misionero hizo una larga pausa, luego continuó:

—Amigos, cuando me puse los lentes, era como si los hubieran mandado a hacer justo para mí. ¡Quiero agradecerles por ser parte de esto!

Todas las personas escucharon, y estaban contentas por los lentes milagrosos. Pero pensaron que el misionero debía haberse confundido de iglesia pues no había lentes en la lista de productos que habían enviado a China.

Sin embargo, sentado atrás, en silencio, con lágrimas en sus ojos, mi abuelo, un simple carpintero, se daba cuenta de que el Carpintero Maestro lo había utilizado de una manera extraordinaria.

Cheryl Walterman Stewart

ACEPTACIÓN

"Ninguno vive para sí, ninguno muere para sí. Si vivimos, vivimos para el Señor. Tú, ¿por qué juzgas a tu hermano?; tú, ¿por qué desprecias a tu hermano? Todos hemos de comparecer ante el tribunal de Dios."

Romanos 14, 7, 10

Mi muchacho:

¡Qué difícil aceptar a los otros tal cual son! Sin embargo, quieres que te acepten tal cual eres y, en definitiva, lo único que deseas es que estén de acuerdo en todo contigo, que respondan a tus gustos, a tus inquietudes, a tus necesidades. ¿Y qué hay de los demás? ¿Te has preguntado qué pasaría si fueras capaz de dar amor simplemente porque el que está frente a ti es tu hermano, otro ser humano, diferente pero único? Siéntete en comunión con todos los seres del universo.

Te recomiendo que leas la historia que te adjunto.

Renuncia.doc

Tu Papá

La joroba

Moses Mendelssohn, abuelo del conocido compositor alemán, distaba de ser guapo. Además de una estatura algo baja, tenía una grotesca joroba. Un día visitó a un mercader de Hamburgo que tenía una hermosa hija llamada Frumtje. Moses se enamoró perdidamente de ella, pero a ella le repelía su apariencia deforme. Cuando llegó el momento de despedirse, el muchacho hizo acopio de su valor y subió las escaleras hasta donde estaba el cuarto de aquella hermosa joven, para tener la última oportunidad de hablar con ella. Era muy hermosa, pero a Moses le entristecía profundamente su negativa a mirarlo. Después de varios intentos por establecer una conversación, le preguntó tímidamente:
—¿Crees que los matrimonios se crean en el cielo?
—Sí —respondió ella, todavía mirando al suelo—. ¿Y tú ?...
—Sí, lo creo —contestó—. Verás. En el cielo, cada vez que un niño nace, el Señor anuncia con que niña se va a casar. Cuando yo nací, me fue señalada mi futura esposa. Entonces el Señor añadió: "Pero tu esposa será jorobada." Justo en ese momento exclamé: "Oh, Señor, una mujer jorobada sería una tragedia, dame a mí la joroba y permite que ella sea hermosa…"
Entonces Frumtje levantó la mirada para contemplar los ojos de Moses, sonrió conmovida y le dio una mano. Tiempo después, ella se convirtió en su esposa.

METAS

"Os aseguro que lo que atéis en la tierra quedará atado en el cielo, lo que desatéis en la tierra quedará desatado en el cielo."

Mateo 18, 18

Hijo mío:

¡Qué bueno todo lo que te has propuesto hacer esta semana! Lo vas a lograr. Eres un valiente navegante que sale a la mar con un rumbo fijo: alcanzar una vida recta, lograr una personalidad íntegra.

Si huyes de las falsas promesas, si cultivas tu espíritu, si realizas buenas acciones lo mejor estará en tu camino. ¿Que no es fácil? Pues, ¿cuál sería la gracia si no debieras luchar contra las dificultades? Cuando arribes al puerto te sentirás tan feliz por haber llegado que no importará el trabajo. Prueba. Te aseguro que bien vale la pena.

El que siempre estará a tu lado

== == == ===========

E-mails del Cielo

REZAR CON EL CORAZÓN

"Cuando oréis pidiendo algo, creed que se os concederá, y os sucederá."

Marcos 11, 14

Querido muchacho:

Cierta vez un ciego, en tierras de Jericó, sintió que pasaba por allí mi Hijo y comenzó a gritar: "Hijo de David, ten piedad de mí"; y, aunque todos le decían que callase, él siguió rogando, pues deseaba fervientemente recuperar su vista, y así, finalmente, ocurrió. Su fe lo salvó.
No pienses, muchacho, que necesitas decir frases grandilocuentes para agradarme, o saber de memoria muchas cosas; si tienes fe, si tu espíritu se eleva cada día puro y simple, es suficiente. Tú me agradas y yo sólo te pido que me ames. Háblame con tus frases más sencillas y yo te escucharé.

Quien comparte tus ruegos

== == == === ========

ELIGE AMAR

"Ama a tu prójimo como a ti mismo."

Mateo 22, 39

Amado hijo:

Quieres derrochar el amor a manos llenas. ¡Qué hermoso! Pero para dar amor debes, primero, hacerlo estallar dentro de ti. Si estás triste, no podrás trasmitir alegría; si no tienes una fe fuerte, ¿cómo podrías comunicarla a los otros?

Elige amar y el amor llegará a ti. Sé un ferviente constructor de la civilización del amor para contribuir a que el mundo alcance la felicidad, la libertad, la justicia que, vanamente, los hombres buscan fuera de mí.

Opciones.doc

Tu Hacedor

Los tres hombres

Un joven llegaba a su casa cuando vio a tres hombres sentados, solos y desamparados. Sin dudarlo les ofreció ingresar con él pero, cuando le preguntaron si estaban sus padres y el muchacho les contestó que no, los tres despreciaron su ofrecimiento.

Al atardecer, cuando regresó de estudiar, nuevamente encontró a los tres hombres y, como sus padres ya habían llegado, los invitó nuevamente. Entonces uno de ellos dijo:

—Nosotros ingresamos en las casas de a uno. Yo soy el Éxito y mis amigos la Abundancia y el Amor. Pregunta a tus padres a quién invitarán.

El muchacho corrió a contarles del encuentro y rápidamente el papá, a quien estaban por despedir del trabajo, exclamó:

—Haz que pase el Éxito. Con él tendremos asegurado el futuro.

La madre, por su parte, preocupada por la economía familiar y la seguridad de su esposo e hijo, gritó:

—De ninguna manera. Que entre la Abundancia. Tendremos todo a manos llenas y seremos felices para siempre.

Al oírlos, el muchacho los miró asombrado y les dijo:

—Eso no es lo que ustedes me enseñaron. Yo deseo que comparta nuestra mesa el Amor. Sólo con él presente me aseguraré de que estemos siempre juntos y felices.

Los padres se miraron y comprendieron, e impulsaron al muchacho para que fuera a buscar al anciano.

Cuando el joven invitó al Amor a ingresar a la casa, los otros dos hombres lo siguieron.

—Esperen —dijo el muchacho—, ¿no es que ustedes nunca ingresan juntos en una vivienda?

—Es así —contestó el Amor—, ellos ingresan solos. Pero tú me has elegido, y quien eso hace se asegura de que lleguen conmigo el Éxito y la Abundancia.

AUTOESTIMA

"No te dejes vencer por la tristeza ni abatir por tu propia culpa: alegría de corazón es vida del hombre, el gozo alarga sus años."

Eclesiástico 30, 21-22

Hijo mío:

Sólo podrás hacer felices a los demás en la medida en que tú lo seas, y esto no es egoísmo, es reconciliación contigo mismo. Aceptándote y amándote tendrás felicidad para repartir a manos llenas. El egoísmo acaba en una actitud cerrada y egocéntrica. Tú tienes mucho para dar. ¡Busca tu felicidad primero!
¿Eres capaz de encontrar la felicidad dentro de ti?

Secreto.doc

Tu afectuoso Creador

El secreto de la felicidad

Varios ángeles se reunieron para hacer una travesura a los hombres. Uno de ellos dijo: "Debemos quitarles algo, pero ¿qué les quitamos?"

Después de mucho pensar, resolvieron quitarles la felicidad y esconderla donde no la pudieran encontrar.

Entonces uno de los ángeles dijo: "Vamos a esconderla en la cima del monte más alto del mundo"; pero los otros argumentaron: "No, podrían subir y encontrarla, y si uno la halla, ya todos sabrán donde está."

Propuso otro: "Entonces vamos a esconderla en el fondo del mar"; pero también rechazaron la idea: "No, recuerda que tienen curiosidad, alguna vez alguien construirá algún aparato para poder bajar y entonces la encontrará."

Un ángel apareció de pronto y argumentó: "Escondámosla en un planeta lejano a la Tierra." Los demás le dijeron: "No, recuerda que les dimos inteligencia, y un día alguien va a construir una nave en la que pueda viajar a otros planetas y la va a encontrar, y entonces todos tendrán felicidad."

Un ángel que había permanecido silencioso todo el tiempo hizo de pronto una propuesta: "Creo saber dónde ponerla para que realmente nunca la encuentren."

Todos lo miraron asombrados y preguntaron al unísono: "¿Dónde?"

El ángel respondió: "La esconderemos dentro de ellos mismos. Estarán tan ocupados buscándola fuera, que nunca la encontrarán."

Todos estuvieron de acuerdo y, desde entonces, ha sido así: el hombre se pasa la vida buscando la felicidad sin saber que la trae consigo.

SABIDURÍA

"La sabiduría es radiante e inmarcesible, la ven sin dificultad los que la aman, y los que van buscándola, la encuentran; ella misma se da a conocer a los que la desean."

Sabiduría 6, 12-13

Hijo:

Quizás busques miles de respuestas y no las encuentres. No todo está en los libros. No todo lo resuelve la ciencia. En tu corazón está la clave de tu búsqueda. Mira en tu interior y encontrarás lo que tanto anhelas. Recuerda que la sabiduría es el reflejo de mi luz y, en virtud de su pureza, lo atraviesa y lo penetra todo (Sb 7, 24).

Acércate a mí, yo seré tu maestro, tu guía y consejo. Descubriré para ti las cosas más sencillas y las más complejas. Si tu espíritu está preparado, no dudes que las verás.

Petición.doc

La Fuente de toda Sabiduría

Pedir la sabiduría

Que me conceda, Dios, saber expresarme
y pensar como corresponde a ese don,
pues Él es el mentor de la sabiduría
y quien marca el camino de los sabios.
Porque en sus manos estamos nosotros y nuestras palabras,
y toda la prudencia y el talento.
Él me otorgó un conocimiento infalible de los seres
para conocer la trama del mundo
y las propiedades de los elementos;
el comienzo y el fin y el medio de los tiempos,
la sucesión de los solsticios y el relevo de las estaciones,
los ciclos anuales y la posición de las estrellas;
la naturaleza de los animales y la furia de las fieras,
el poder de los espíritus y las reflexiones de los hombres,
las variedades de plantas y las virtudes de las raíces;
Todo lo sé; oculto o manifiesto,
porque la sabiduría, artífice del cosmos, me lo enseñó.

(Sb 7, 15-22)

E-mails del Cielo

A TU LADO

"El Señor se fija en los que lo aman, es su robusto escudo, su firme apoyo, es protección del que tropieza, auxilio del que cae, levanta el ánimo, alumbra los ojos, da salud y vida y bendición."

Eclesiástico 34, 16-17

Mi querido hijo:

Recuerda que nada es imposible. Algo anda mal en los estudios, no puedes alcanzar las notas que te propusiste. Hay demasiadas cosas que no puedes resolver. Déjalo en mis manos.
Yo puedo ayudarte si tú te ayudas. Me interesa todo lo que te pasa. Cuéntamelo. Estoy para escucharte. Siempre camino a tu lado para guiarte y hacer que puedas encontrar una salida. ¿Estás dispuesto a trabajar duro? Entonces no se hable más. Tienes mi bendición. Ahora, sólo resta ponerse a estudiar. El éxito está asegurado.

Tu Padre que te ama

=== == == ==========

E-mails del Cielo

HACER UN ALTO

"Pedid y os darán, buscad y encontraréis, llamad y os abrirán; pues quien pide recibe, quien busca encuentra, a quien llama le abren."

Mateo 7, 7-8

Hijo:

Hoy no te acercaste a mí, y eso me entristece. Te envíe una noche estrellada y no me reconociste. Te regalé una mañana luminosa y me ignoraste.
Entiendo que estés corriendo, que la vida agitada no te deja parar, que el mundo es un vértigo. Sin embargo te pido que te serenes. Detén la carrera que no lleva a ningún lugar. Medita. Haz un esfuerzo por escuchar mi palabra. Te entrego mi amor cada día, recuerda que soy tu Padre y, aunque no acudes a mi encuentro, igual te espero.

Tu mejor Amigo

=== == === =========

MISIONAR

"Quien no tome su cruz para seguirme no es digno de mí. Quien se aferre a la vida, la perderá; quien la pierda por mí, la conservará."

Mateo 10, 38-39

Mi joven amigo:

Despierta tu vocación misionera, descubre el gozo del don y la responsabilidad de entregar a otros lo que tan maravillosamente recibiste de mí. Dedica en cuerpo y alma tu vida al servicio de tus semejantes. ¿Viste a tu alrededor gente que sufre, niños que no tienen qué comer, ancianos, enfermos? Seguramente que no puedes con todos, pero siempre hay algo para hacer por los demás, por pequeño que sea.

Si tu corazón está alerta, sabrás quién es el que más sufre, descubrirás dónde y cómo ayudar al que lo necesita. No son grandes obras las que espero de ti. Es la entrega cotidiana, plena de amor. ¿Eres capaz de imitar a mi Hijo, estar atento a las preguntas, a las aspiraciones, a las necesidades de los demás, orientándolos hacia Él con el anuncio y el testimonio de la caridad?

Recuerda lo que Él dijo: *Cuanto tienes véndelo y dáselo a los pobres, y tendrás un tesoro en el cielo; luego, ven y sígueme* (Mc 10, 21). ¿Estás preparado para hacerlo?

Tu Origen

== === === =========

E-mails del Cielo

¿QUIÉN ERES?

"Si deseas la sabiduría, guarda los mandamientos, y el Señor te la concederá."

Eclesiástico 1, 26

Muchacho:

Persigues una idea, una moda, tratas de parecerte a otros, de girar al ritmo enloquecido en el que la sociedad está inmersa. ¿Dónde estás tú? ¿Quién eres realmente? ¿Por qué quieres que tu imagen en el espejo repita la imagen de muchos otros de tu edad? Eres único. Diferente. Perfecto, porque te hice a mi imagen.

Cierra los ojos y piensa en los reales valores que es importante defender. Muchas veces escuchas que todo lo que te enseñaron en tu casa ya "no va", "está pasado de moda", "ahora es otra cosa". Piensa en lo que de verdad te hace un ser divino, no vivas de falsas ilusiones.

Tu Maestro

=== === == =========

TUS PADRES

"De palabra y de obra honra a tu padre, y vendrán sobre ti toda clase de bendiciones."

Eclesiástico 3, 8

Hijo mío:

Te has peleado con tu padre. Él no te entiende, metido en ese mundo de negocios, tratando de ganar el pan para llevar a tu casa, no te dedica tiempo suficiente. ¿Qué hacer entonces? ¿Le darás la espalda? El amor hacia él es un camino de ida y vuelta. ¿Por qué esperar que él se acerque? ¿Y si tomas la delantera?
Háblale, dile cuánto lo quieres, explícale cómo lo necesitas y cuán importante es para ti su presencia, su palabra, su sonrisa. Yo, que soy tu Padre en el Cielo, estoy velando por los dos en la Tierra.

El que siempre te protege

== == == ===========

SENTIDO DEL DOLOR

"¿Hasta cuándo, Señor?, ¿te olvidas para siempre? ¿Hasta cuándo me escondes tu rostro?, ¿hasta cuándo he de estar cavilando con el corazón apenado todo el día?"

Salmo 13, 2-3

Mi querido hijo:

Quieres una respuesta a tu pregunta. Pues aquí va: la buena nueva está en el anuncio de que el sufrir puede tener también un significado positivo para ti y aun para los que te rodean.

Y hablo de sufrir de verdad, de padecer dolor, enfermedad, pérdidas de los seres queridos. Las grandes desgracias que te aquejan te hacen crecer. No lo entiendes ahora. Quizás más tarde, cuando nos encontremos en el perfecto Cielo que te aguarda, todas estas respuestas te serán dadas. Reza, ten fe. La luz puede demorar, pero finalmente inundará tu corazón.

Dolor.doc

El Padre de Jesús

== == == ===========

Dolor.doc

Para Profundizar 12 N K S

El dolor salva

Es necesario, por tanto, que a los pies de la Cruz del Calvario acudan espiritualmente todos los que sufren y creen en Cristo y, en concreto, los que sufren a causa de su fe en el Crucificado y Resucitado, para que el ofrecimiento de sus sufrimientos acelere el cumplimiento de la oración del mismo Salvador por la unidad de todos (cf. Jn 17, 11. 21-22).

Acudan también allí los hombres de buena voluntad, porque en la Cruz está el "Redentor del hombre", el Varón de dolores, que ha asumido para sí los sufrimientos físicos y morales de los hombres de todos los tiempos, para que en el amor puedan encontrar el sentido salvífico de su dolor y respuestas válidas a todos sus interrogantes.

Junto a María, Madre de Cristo, que estaba al pie de la Cruz (cf. Jn 19, 25), nos detenemos junto a todas las cruces del hombre de hoy (...).

Y a todos vosotros, los que sufrís, os pedimos que nos sostengáis. Precisamente a vosotros que sois débiles, os pedimos que os convirtáis en fuente de fuerza para la Iglesia y para la humanidad. En el terrible combate entre las fuerzas del bien y del mal, que nuestro mundo contemporáneo nos ofrece de espectáculo, ¡venza vuestro sufrimiento en unión con la Cruz de Cristo!

Juan Pablo II, *Salvifici doloris,* 31

E-mails del Cielo

REGRESAR

*"Crea en mí, Dios, un corazón puro,
renuévame por dentro con espíritu firme."*

Salmo 51, 12

Hijo querido:

Has hecho algo que no está bien, y debes arrepentirte. Sigue el ejemplo del rey David, él es el modelo de arrepentimiento. Tras haber cometido crímenes contra su prójimo, los confiesa como pecados arrepintiéndose sinceramente ante mí: "Contra Ti solo he pecado", me dice. Desde el fondo de su corazón desea cambiar radicalmente su vida e implora que no le niegue mi amistad. ¿Cómo habría de hacerlo si, igual que tú, es mi hijo?
Promete, igual que el antiguo rey, mostrar tu agradecimiento honrando mi amor continuamente y enseñando a otros los Caminos Divinos, para que ellos también cumplan en todo mi voluntad.

El que siempre te escucha

== == == ===== ======

E-mails del Cielo

EL TRIGO Y LA CIZAÑA

"El reinado del Dios es como un hombre que sembró semilla buena en su campo. Mientras la gente dormía, fue su enemigo y sembró cizaña en medio del trigo y se marchó."

Mateo 13, 24

Muchacho:

Hoy te dijeron que es lo mismo ser bueno que malo; que da lo mismo; que, más aún, en este mundo convulsionado, los malos tienen más posibilidades de triunfar.
Sé que estás confundido. Nada parece tener sentido. Sin embargo, quiero que recuerdes aquella palabra que mi Hijo contó a sus discípulos sobre el hombre que descubrió en sus campos, junto a la buena semilla, la cizaña. Por supuesto que es posible dejarla crecer, y aun verla desarrollarse al lado de la buena. Eso ocurre en el mundo todos los días. Sin embargo, llegará el momento en que la cizaña será echada al fuego y, entonces, los justos brillarán como el sol (Mt 13, 43). ¿De qué lado quieres estar?

Tu Padre

== = = === == === = ==

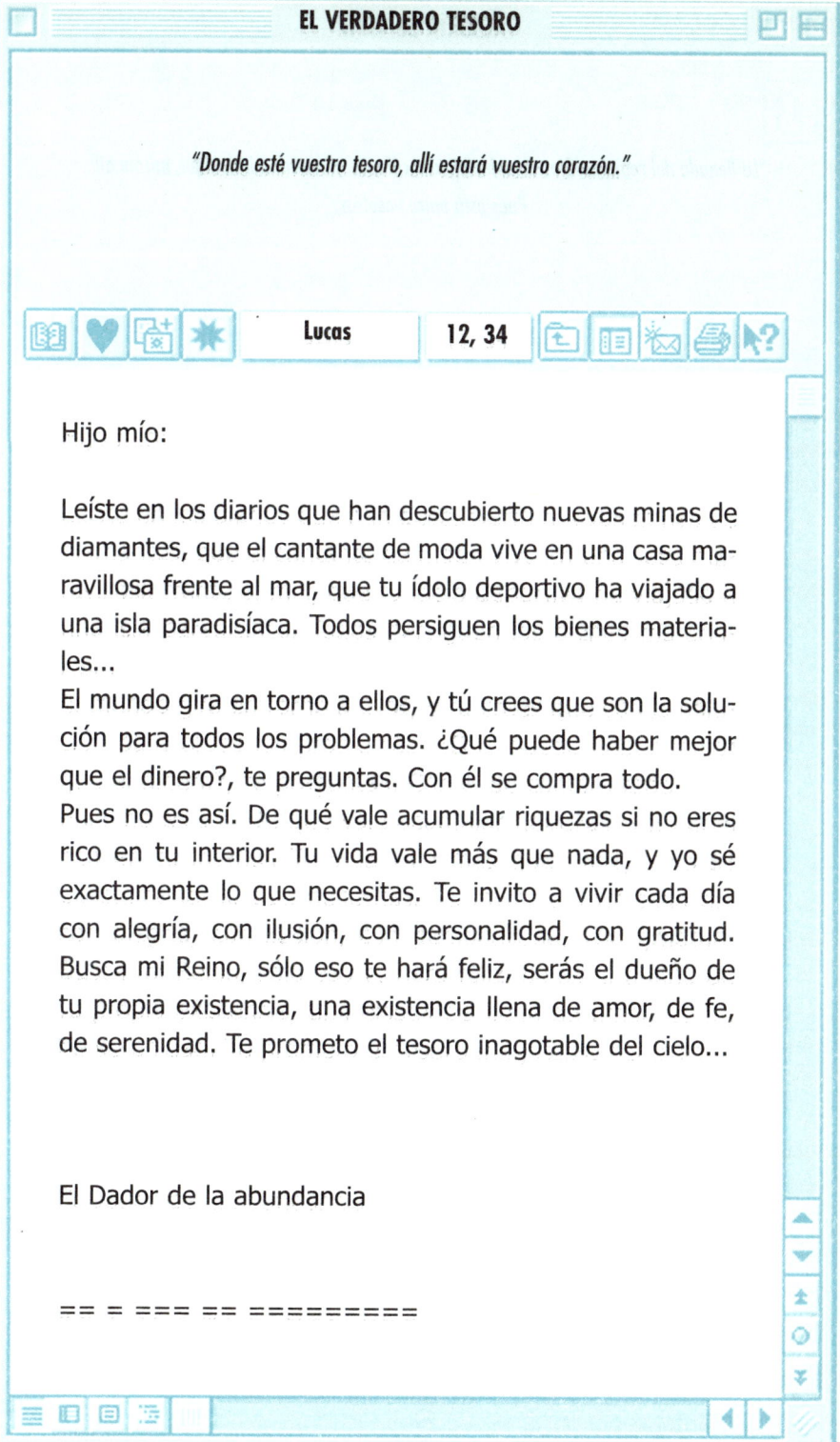

E-mails del Cielo

EL VERDADERO TESORO

"Donde esté vuestro tesoro, allí estará vuestro corazón."

Lucas 12, 34

Hijo mío:

Leíste en los diarios que han descubierto nuevas minas de diamantes, que el cantante de moda vive en una casa maravillosa frente al mar, que tu ídolo deportivo ha viajado a una isla paradisíaca. Todos persiguen los bienes materiales...
El mundo gira en torno a ellos, y tú crees que son la solución para todos los problemas. ¿Qué puede haber mejor que el dinero?, te preguntas. Con él se compra todo.
Pues no es así. De qué vale acumular riquezas si no eres rico en tu interior. Tu vida vale más que nada, y yo sé exactamente lo que necesitas. Te invito a vivir cada día con alegría, con ilusión, con personalidad, con gratitud. Busca mi Reino, sólo eso te hará feliz, serás el dueño de tu propia existencia, una existencia llena de amor, de fe, de serenidad. Te prometo el tesoro inagotable del cielo...

El Dador de la abundancia

== = === == =========

E-mails del Cielo

ALEGRÍA DE VIVIR

"La llegada del reino de Dios no está sujeta a cálculos; ni dirán: míralo aquí, míralo allí. Pues está entre vosotros."

Lucas 17, 20-21

Mi querido muchacho:

Hoy es un gran día. Levántate. ¡Arriba! ¡La vida te espera! Nada de aburrimiento, nada de apatía. Tu meta debe ser alcanzar la estatura de mi Hijo, ésa debe ser tu aspiración. Eres un miembro de la Iglesia. Una Iglesia sin juventud no tiene porvenir. Tú eres la Iglesia, y ello significa asumir un rol activo que te eleve y ayude a otros a crecer en el amor y la fe.
Alguien te ha dicho que la religión ha pasado de moda. Reza por él, explícale que tu sentimiento hacia mí y hacia mi Hijo es actual, está vivo y presente en cada acto de tu vida.
¡Asegúrale que amar al semejante vale la pena, que entregar su vida a mi Reino, también!

Jóvenes.doc

Tu Alegría

La Iglesia y los jóvenes

La Iglesia tiene tantas cosas que decir a los jóvenes, y los jóvenes tienen tantas cosas que decir a la Iglesia.

Este recíproco diálogo —que se ha de llevar a cabo con gran cordialidad, claridad y valentía— favorecerá el encuentro y el intercambio entre generaciones, y será fuente de riqueza y de juventud para la Iglesia y para la sociedad civil.

Dice el Concilio en su mensaje a los jóvenes: "La Iglesia os mira con confianza y con amor (...). Ella es la verdadera juventud del mundo (...), miradla y encontraréis en ella el rostro de Cristo."

Concilio Vaticano II, *Mensaje a los jóvenes.*

E-mails del Cielo

LA PUERTA ESTRECHA

"Entrad por la puerta estrecha, porque es ancha la puerta y espacioso el camino que lleva a la perdición, y son muchos los que entran por ella. ¡Qué estrecha es la puerta, qué angosto es el camino que lleva a la vida, y son pocos los que dan con ella!"

Mateo 7, 13-14

Mi amado hijo:

¡Qué fácil precipitarse por los caminos espaciosos! ¡Es tan sencillo perderse entre las cosas simples, entre los facilismos que diariamente te proponen! El desafío consiste en pasar a través de las dificultades y hacerse poderoso.

Yo sé que eres capaz, que puedes enfrentarte a los obstáculos. El proceso de crecimiento consiste, justamente, en hacerse fuerte frente a todo lo vano que te rodea y mirar hacia tu interior. ¿Te animas a atravesar la puerta estrecha?

Laicos.doc

Quien confía en ti

Misión de los laicos

La índole secular del fiel laico no debe ser definida solamente en sentido sociológico, sino sobre todo en sentido teológico.

El carácter secular debe ser entendido a la luz del acto creador y redentor de Dios, que ha confiado el mundo a los hombres y a las mujeres, para que participen en la obra de la creación, la liberen del influjo del pecado y se santifiquen en el matrimonio o en el celibato, en la familia, en la profesión y en las diversas actividades sociales.

Concilio Vaticano II, *Lumen gentium*, 31.

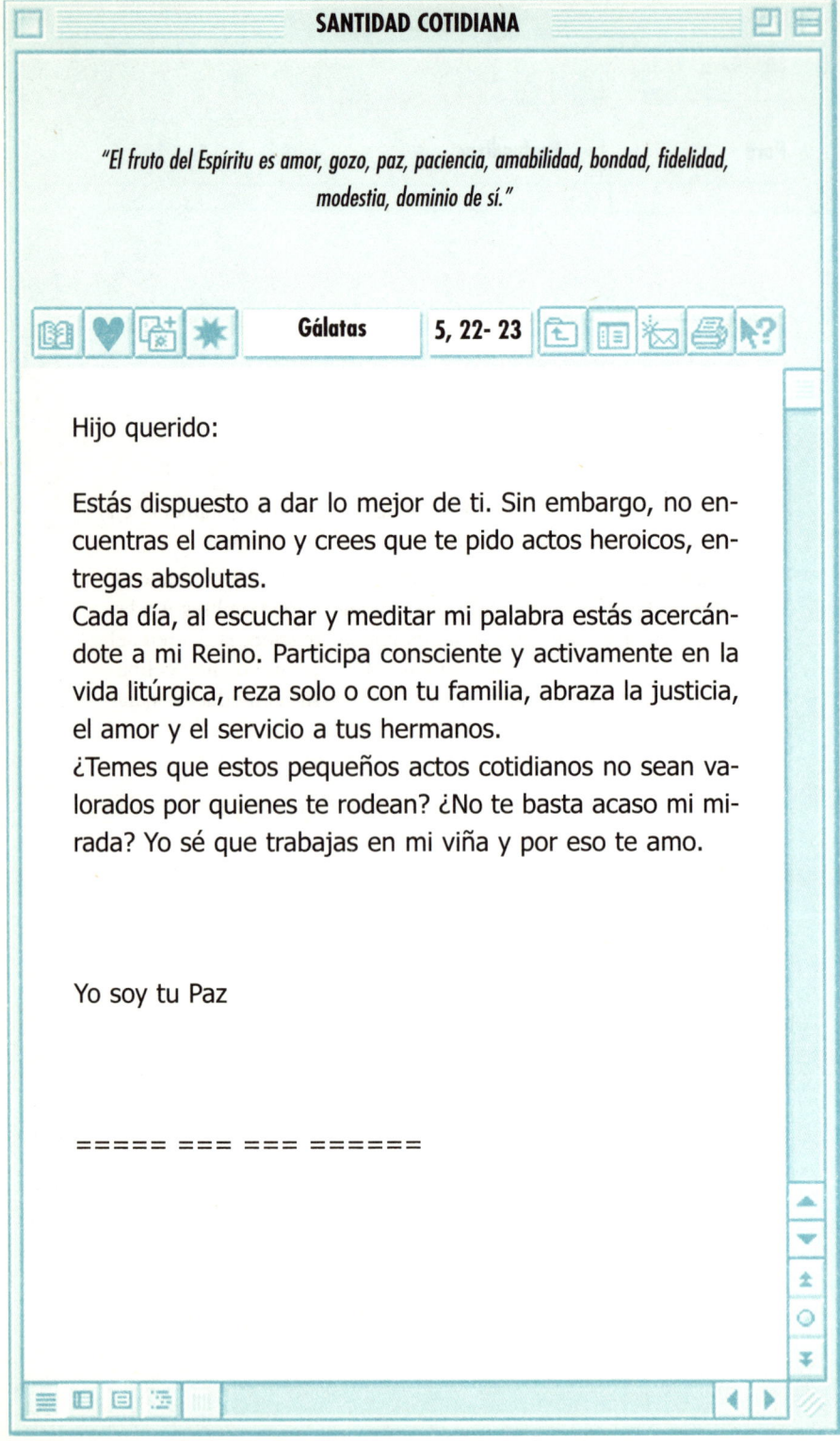

SANTIDAD COTIDIANA

"El fruto del Espíritu es amor, gozo, paz, paciencia, amabilidad, bondad, fidelidad, modestia, dominio de sí."

Gálatas 5, 22-23

Hijo querido:

Estás dispuesto a dar lo mejor de ti. Sin embargo, no encuentras el camino y crees que te pido actos heroicos, entregas absolutas.
Cada día, al escuchar y meditar mi palabra estás acercándote a mi Reino. Participa consciente y activamente en la vida litúrgica, reza solo o con tu familia, abraza la justicia, el amor y el servicio a tus hermanos.
¿Temes que estos pequeños actos cotidianos no sean valorados por quienes te rodean? ¿No te basta acaso mi mirada? Yo sé que trabajas en mi viña y por eso te amo.

Yo soy tu Paz

===== === === ======

EL ERROR

"El Señor es justo y ama la justicia; los rectos verán su rostro."

Salmo 11, 7

Mi muchacho:

Lo que hiciste no está bien. Te equivocaste y no quieres aceptarlo. Podrás engañar a otros pero no a mí. Te encierras en la mentira, te ocultas a ti mismo la verdad, tratas de encontrar excusas o de culpar a otros, pero en tu interior sabes que te has equivocado.
Pedir perdón es un acto de amor, no dudes en hacerlo. Sé recto, actúa con firmeza. Mira en tu interior. Reza para encontrar las fuerzas necesarias que te permitan enfrentar tus equivocaciones.

Quien siempre te perdona

== == == === ========

E-mails del Cielo

DESEOS PERSONALES

"No se haga mi voluntad sino la tuya."

Lucas 22, 42

Queridísimo hijo:

¿Sabes por qué sufres? Porque deseas más de lo que tienes. El deseo constituye la raíz del dolor. Quieres tener un cuerpo mejor, una casa mejor, un juguete mejor... Estás lleno de ansiedades, te identificas con las cosas materiales y crees que ellas son el reflejo de tu persona.
¡Cuándo abandonarás tus superfluos deseos personales y darás cabida a los anhelos por alcanzar mi Reino!

Tu único Señor

== === == ==========

CONFLICTOS

"Te conocía sólo de oídas, ahora te han visto mis ojos; por eso me retracto y me arrepiento echándome polvo y ceniza."

 Job 42, 5-6

Joven amigo:

Estás inquieto. ¡Cuántas contradicciones! Tu conciencia te dicta ciertas cosas que no logras cumplir. Tus amigos te bombardean con imágenes, comentarios, ideas que te confunden. Te sientes inseguro. Temes ser rechazado por tus compañeros, quedar aislado si no sigues la corriente. A veces crees tener todas las respuestas y, de pronto, se te escapan de las manos.
Crees y no crees. ¿Dudas de mí? ¿No es acaso que dudas de ti? De tu fortaleza y sinceridad, de tu iniciativa para obrar bien, de tu amor, de tu fe. Si quieres certezas, seguridades de mi existencia, simplemente busca dentro de tu corazón.

Tu Padre en el Cielo

== == == === ========

JUGARSE

"Como elegidos de Dios, consagrados y amados, revestíos de compasión entrañable, amabilidad, humildad, modestia, paciencia."

Colosenses 3, 12

Amado hijo:

El mundo está convulsionado, todos parecen correr detrás de su propio bienestar, olvidándose de los demás. Hoy quiero plantearte un desafío: la humanidad necesita que los jóvenes sean capaces de trabajar y de jugarse por los otros.

¿Estas dispuesto a construir la paz en un mundo de violencia y de guerra?; ¿te animas a luchar contra la explotación del hombre por el hombre?; ¿serías capaz de amar a tu enemigo?; ¿podrías, en medio del dolor y de las dificultades, no perder la esperanza?

Mi voz, gritando en tus oídos, guiará tus pasos; recuerda que no debes temer, yo soy tu escudo.

Entrega.doc

El Señor de la Justicia

Entrega fecunda

Amados jóvenes, ¡confiad en Jesucristo! Confiad en Él, como aquel muchacho del que nos habla el episodio evangélico de la multiplicación de los panes y de los peces (cf. Jn 6, 1-13).

Generosidad: este sentimiento afloró en el corazón de un muchacho, que se acercó y ofreció cinco panes de cebada y dos peces. Demasiado poco, pensaban los discípulos:

"¿Qué es eso para tanta gente?"

Jesús apreció el gesto de aquel joven como vosotros y, después de tomar los panes y dar gracias, los repartió a la gente, y lo mismo hizo con los peces. Lo que la razón humana no se atrevía a esperar, con Jesús se hizo realidad gracias al corazón generoso de un muchacho.

He aquí, jóvenes, la importante misión que se os ha confiado: llegar a ser, como el joven del Evangelio, protagonistas generosos de un cambio que marque vuestro futuro, el de la Iglesia y el de toda la ciudad. La oración y la contemplación, el silencio y la ascesis personal os ayudarán a madurar en la fe y en la conciencia de vuestra misión apostólica. Para llevar a cabo esto, es necesario que toméis conciencia de lo que poseéis, de vuestros cinco panes y dos peces, es decir, de los recursos de entusiasmo, de valor y amor que Dios ha puesto en vuestro corazón y en vuestras manos, talentos preciosos que se deben explotar para bien de los demás.

Juan Pablo II

E-mails del Cielo

ORAR SIEMPRE

"Hace falta orar siempre, sin cansarse."

Lucas 18, 1

Joven amigo:

Hoy te vi entrar al templo y me sentí feliz. La oración es vital, y el tiempo que dedicas a ella te acerca más y más a mí. ¿Has pensado en la importancia de compartir un retiro espiritual? Abre tu corazón para profundizar en mi palabra, leer y meditar las Escrituras.
Con la madurez de tu vida interior, podrás ser un testimonio vivo de fe y proclamar a otros la palabra de mi Hijo.

Intimidad.doc

Tu Padre amado

== == == === ========

La intimidad de Dios

Para poder anunciar y testimoniar a Cristo, es necesario conocerlo y encontrarse personalmente con Él.

Sólo quien tiene una experiencia intensa y profunda de Cristo, está en condiciones de hablar de Él eficazmente a los demás. Sólo quien trata asiduamente a este divino Maestro puede llevar hasta Él a sus hermanos. Él es la única persona capaz de responder plenamente a las expectativas de todo ser humano.

Ciertamente habéis escuchado hablar de Él desde pequeños. Permitidme, sin embargo, una pregunta: ¿Lo habéis encontrado verdaderamente? ¿Habéis hecho, en la fe, experiencia viva de Él como un amigo leal y fiel, o su figura os resulta demasiado ajena a vuestros problemas reales como para suscitar interés?

Jesús no es solamente un gran personaje de pasado, un maestro de vida y de moral. Es el Señor resucitado, el Dios cercano a todo hombre, con quien se puede dialogar, experimentar la alegría de la amistad, la esperanza en las pruebas, la certeza de un futuro mejor.

Él siente estima por cada uno de vosotros y está dispuesto a revelaros el secreto de una vida plenamente realizada y a ponerse a vuestro lado para ayudaros a hacer que vuestra ciudad sea más humana y solidaria.

Juan Pablo II

APERTURA

"Yo soy la vid verdadera y mi Padre es el viñador. Los sarmientos que en mí no dan fruto, los arranca; los que dan fruto los poda, para que den más fruto. (...) Permaneced en mí y yo en vosotros. Como el sarmiento no puede dar frutos por sí solo, si no permanece en la vid, tampoco vosotros, si no permanecéis en mí."

Juan 15, 1-4

Mi pequeño-gran muchacho:

¿Acaso crees que encerrarte en ti mismo es servirme? Aislado del mundo, sin hablar con los demás, sin cultivar el sentido de fraternidad cristiana, no harás fructificar la herencia que te di.

Entregué a cada uno de mis hijos una misión, y a ti te pido que reces por tus hermanos, que logres tu trascendencia espiritual en cada acto de amor que ejecutes para tus amigos, tus padres, tus compañeros que viven en un mundo deshumanizado. Cuando veas a otros perdidos, desorientados, ponte al servicio de tu comunidad, recuerda que cada uno sostiene a los demás y los demás te sostienen a ti.

El Padre de Todos

== == === === =======

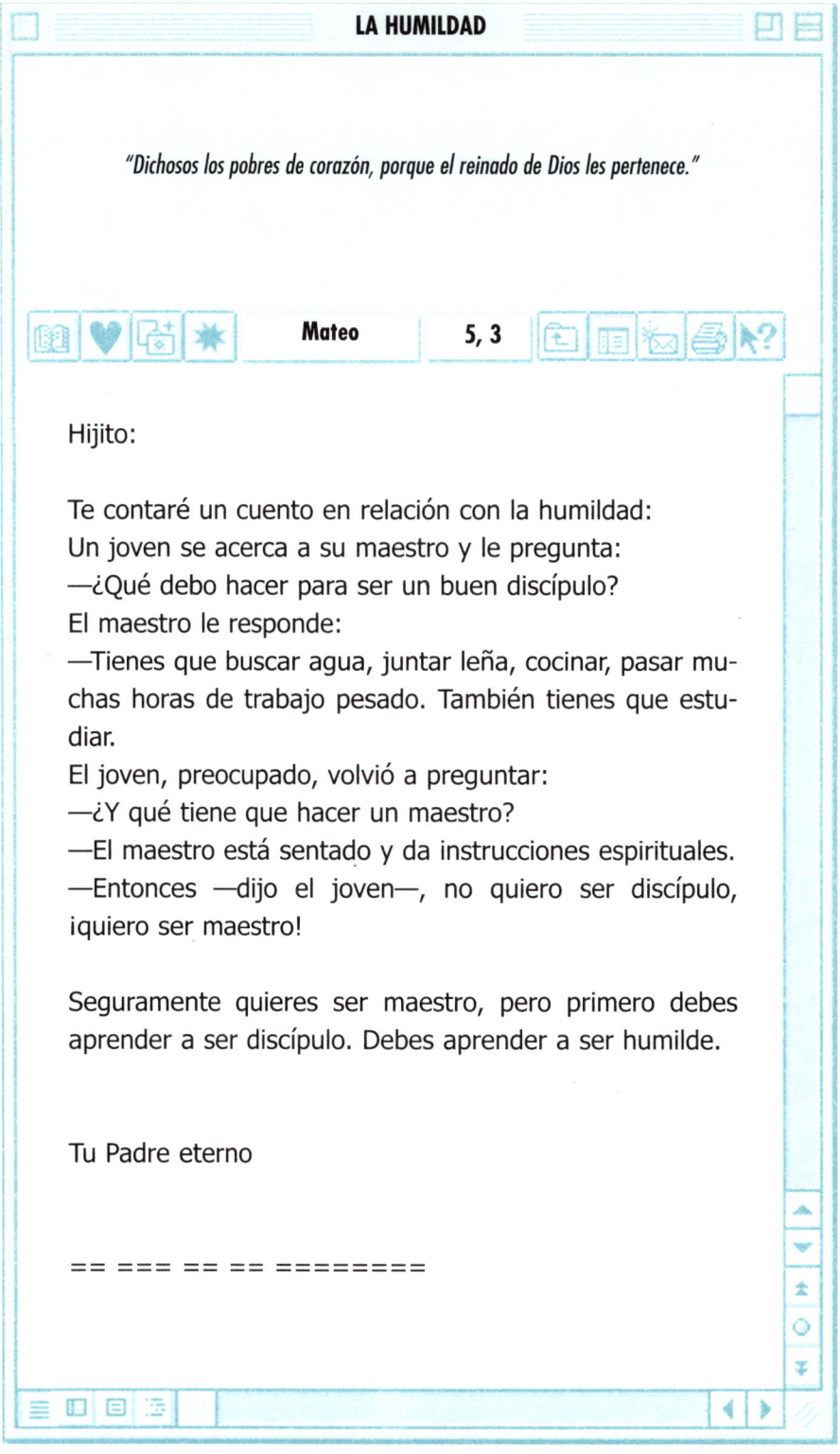

E-mails del Cielo

LA HUMILDAD

"Dichosos los pobres de corazón, porque el reinado de Dios les pertenece."

Mateo 5, 3

Hijito:

Te contaré un cuento en relación con la humildad:
Un joven se acerca a su maestro y le pregunta:
—¿Qué debo hacer para ser un buen discípulo?
El maestro le responde:
—Tienes que buscar agua, juntar leña, cocinar, pasar muchas horas de trabajo pesado. También tienes que estudiar.
El joven, preocupado, volvió a preguntar:
—¿Y qué tiene que hacer un maestro?
—El maestro está sentado y da instrucciones espirituales.
—Entonces —dijo el joven—, no quiero ser discípulo, ¡quiero ser maestro!

Seguramente quieres ser maestro, pero primero debes aprender a ser discípulo. Debes aprender a ser humilde.

Tu Padre eterno

== === == == ========

E-mails del Cielo

LA GUERRA

"La paz esté con vosotros."

Juan 1, 9-12

Muchacho:

¡Qué horror siento al ver cómo todos pelean entre sí! Cuántas ambiciones, odios y rencor habitan entre los hombres que se enfrentan en diferencias raciales o culturales en lugar de vivir en amistad, solidarios unos con otros, sin ninguna discriminación.

A pesar del mal y el sufrimiento que acecha a la humanidad, recuerda que la última palabra pertenece a la vida y al amor.

En ti, fruto joven, tengo depositadas mis esperanzas, porque sé que, finalmente, se comprenderán unos a otros iluminados por el Espíritu de Amor con que los he creado.

Tu Padre celestial

== == == ===========

SANTIDAD

"Sed santos porque yo, el Señor, vuestro Dios, soy santo."

Levítico 19, 2

Hijo:

Quizás pienses que la santidad es una cima difícil de alcanzar, que tú no puedes, que no eres especial. Tal vez te imaginas que para ser santo hay que vivir al margen del mundo, lejos de todo y de todos.

Piensa por un momento que en tu bautismo te di la oportunidad de ser santo y que tu educación, tu misión cotidiana dentro de tu comunidad, te convierten en un ser luminoso. No pierdas la oportunidad de ser santo en un mundo conflictivo, de ser santo en tus actos, en tus ideas, en tus actitudes. Cuando a tu alrededor todo se desmorona, ése es justamente el momento de mostrar tu luz cristiana.

Santos.doc

Tu Liberador

E-mails del Cielo

Santos.doc

Para — **Profundizar**

¡Santos del nuevo milenio!

Jóvenes de todos los continentes, ¡no tengáis miedo de ser los santos del nuevo milenio! Sed contemplativos y amantes de la oración, coherentes con vuestra fe y generosos en el servicio a los hermanos, miembros activos de la Iglesia y constructores de paz.

Para realizar este comprometido proyecto de vida, permaneced a la escucha de la Palabra, sacad fuerza de los sacramentos, sobre todo de la Eucaristía y de la Penitencia.

El Señor os quiere apóstoles intrépidos de su Evangelio y constructores de la nueva humanidad. Pero, ¿cómo podréis afirmar que creéis en Dios hecho hombre si no os pronunciáis contra todo lo que degrada a la persona humana y la familia? Si creéis que Cristo ha revelado el amor del Padre hacia toda criatura, no podéis eludir el esfuerzo para contribuir a la construcción de un nuevo mundo, fundado sobre la fuerza del amor y del perdón, sobre la lucha contra la injusticia y toda miseria física, moral, espiritual, sobre la orientación de la política, de la economía, de la cultura y de la tecnología al servicio del hombre y de su desarrollo integral.

Juan Pablo II a los jóvenes, 29/6/99.

E-mails del Cielo

SÚPLICA

"Ceñid los lomos con la verdad, revestid la coraza de la justicia, calzad las sandalias de la prontitud para el evangelio de la paz. (...) Poneos el casco de la salvación, empuñad la espada del Espíritu, que es la palabra de Dios."

Efesios 6, 14-17

Hijo mío:

Anoche en tus oraciones pedías ayuda, orientación, no sabías qué criterio asumir, cómo actuar. Yo siempre estaré dispuesto a escucharte y a guiarte, sigue orando para que pueda acompañarte en los momentos difíciles y también compartir tus alegrías.

El camino de la espiritualidad suele presentar duras pruebas. Yo estaré a tu lado para confortarte y ayudarte a progresar en la fe. El Espíritu Santo te guiará. Puedes hacerlo.

El que confía en ti.

=== == === =========

SEGUIR A JESÚS

"La Palabra se hizo carne, y puso su Morada entre nosotros."

Juan 1, 14

Desorientado muchacho:

¡A pesar de todas las pruebas que te di, aún sigues dudando! Te envié nada menos que a mi Hijo para guiarte, sostenerte, amarte... Él es la mejor prueba de que yo, invisible a tus ojos, estoy vivo y presente en cada instante.
Si quieres conocerme de verdad, sigue los pasos de mi amado Hijo, pues a través de su condición humana he establecido una alianza contigo y, al enviarlo para protegerte, te he demostrado qué importante eres para mí.
Cuando tienes a mi Hijo en tu corazón, yo me hago presente y te transformo en un templo de Amor.

Emmanuel, Dios-con-nosotros

== == == == =========

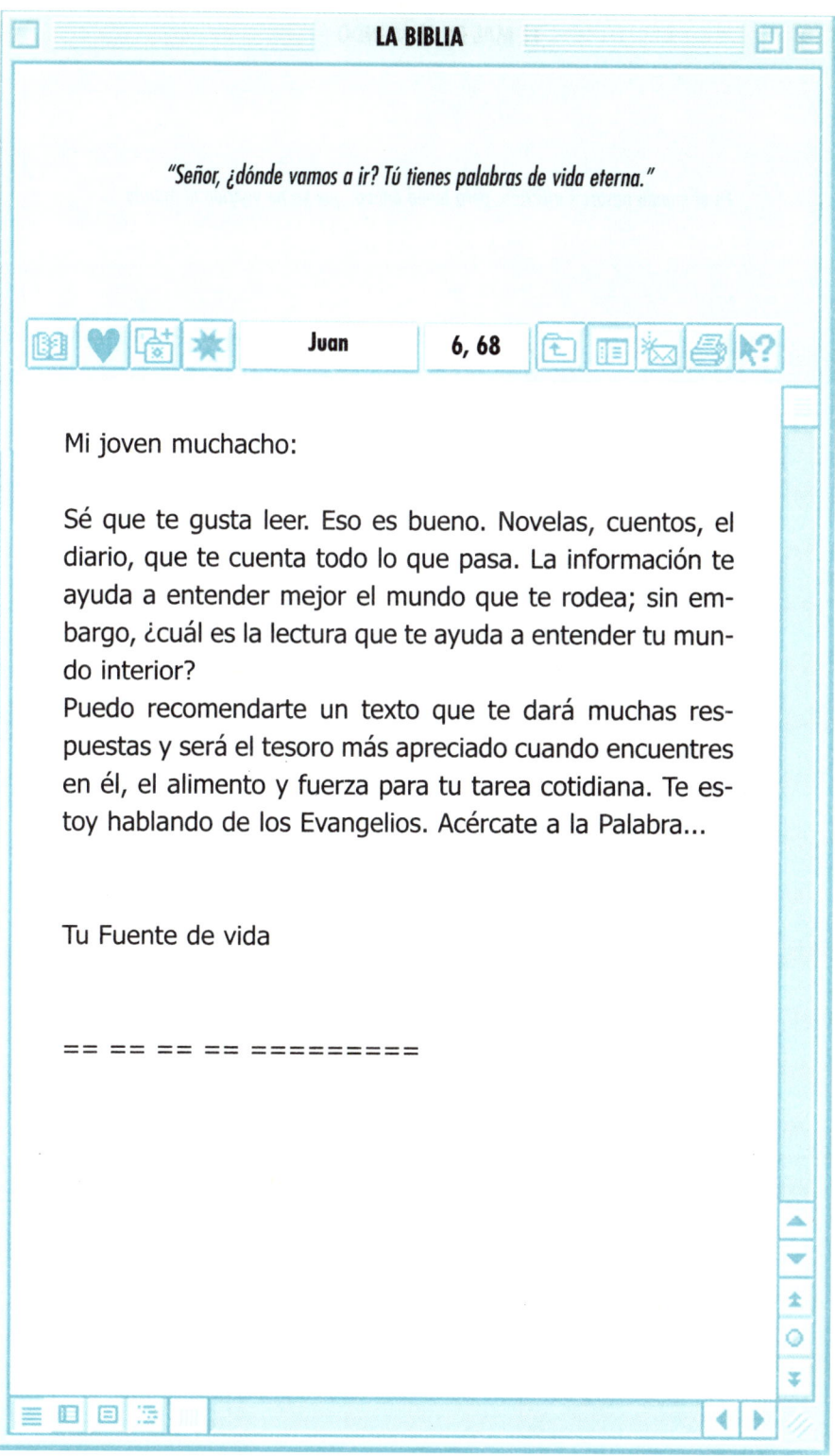

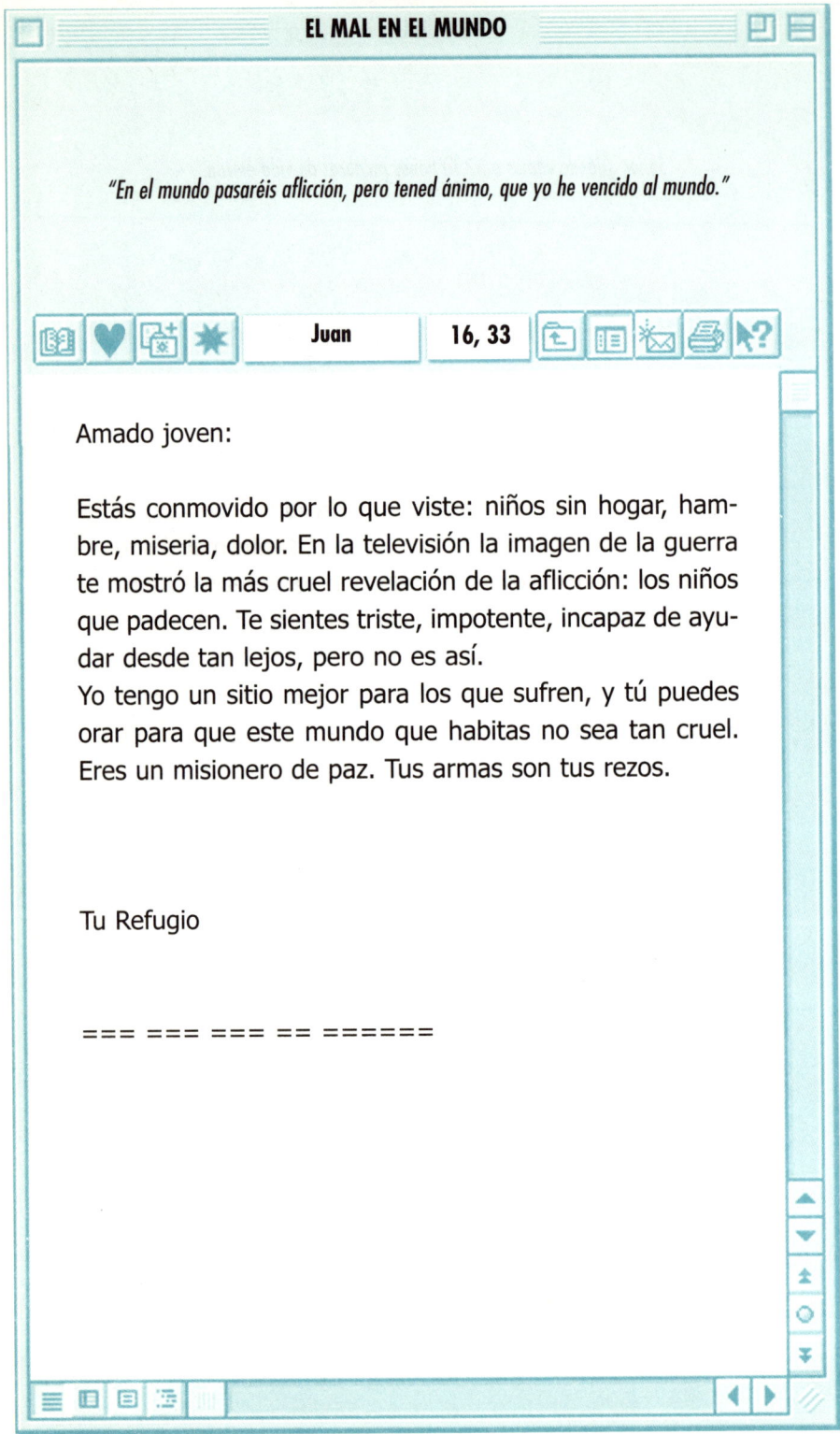

E-mails del Cielo

EL MAL EN EL MUNDO

"En el mundo pasaréis aflicción, pero tened ánimo, que yo he vencido al mundo."

Juan   16, 33

Amado joven:

Estás conmovido por lo que viste: niños sin hogar, hambre, miseria, dolor. En la televisión la imagen de la guerra te mostró la más cruel revelación de la aflicción: los niños que padecen. Te sientes triste, impotente, incapaz de ayudar desde tan lejos, pero no es así.
Yo tengo un sitio mejor para los que sufren, y tú puedes orar para que este mundo que habitas no sea tan cruel. Eres un misionero de paz. Tus armas son tus rezos.

Tu Refugio

=== === === == ======

DIOS REVELADO

"Yo soy el camino, la verdad y la vida: nadie va al Padre si no es por mí."

Juan 14, 6

Hijo:

Una vez un joven llamado Felipe, que necesitaba pruebas de mi presencia, las solicitó a mi Hijo. ¿Sabes que le respondió? "Quien me ha visto a mí, ha visto al Padre."
Si sigues las enseñanzas de Jesús, no dudes de que yo me manifestaré; si tienes una vida entregada al amor, la solidaridad, la humildad, te daré mi protección. No pidas, como Felipe, pruebas concretas de mi persona, yo me revelaré a ti para darte mi Amor.

Anuncio.doc

El único Creador

=== == === == =======

Anunciar el Amor

Vosotros, jóvenes de hoy y adultos del nuevo milenio, debéis dejaros "formar" en la escuela de Jesús. En la Iglesia y en los distintos ambientes en los que se desarrolla vuestra existencia de cada día, ¡hacéos testigos creíbles del amor del Padre! Hacedlo visible mediante vuestras opciones y actitudes, en la forma de acoger a las personas y de poneros a su servicio, en el fiel respeto a la voluntad de Dios y a sus mandamientos.

El Padre os quiere. Este maravilloso anuncio queda depositado en el corazón del creyente, quien, como el discípulo al que Jesús amaba, reclina la cabeza en el pecho del Maestro y recoge sus confidencias: "Al que me ama, lo amará mi Padre, y yo también lo amaré y me revelaré a él" (14, 21), pues "ésta es la vida eterna: que te conozcan a ti, único Dios verdadero, y a tu enviado, Jesucristo" (Jn1 7, 3).

*Juan Pablo II, con ocasión de la XIV
Jornada Mundial de la Juventud.*

EL PECADO

"La luz vino al mundo, y los hombres prefirieron las tinieblas a la luz."

Juan   2, 19

Muchacho:

¡Te equivocaste y debes aceptarlo!
Quizás pienses que estoy enojado, no es así. Estoy dolido porque los errores de mis hijos me lastiman, porque sé que, en definitiva, al hacer mal te has dañado a ti mismo. Te equivocaste, sí; pero lo has reconocido y eso tiene un valor inmenso ante mis ojos.
Soy tu Padre y, como tal, te espero con los brazos abiertos.

Hijo.doc

Tu Conciencia

La parábola del perdón

¡Qué elocuente resulta la parábola del hijo pródigo! Desde el momento en que se aleja de casa, su padre vive angustiado: aguarda, espera, escudriña el horizonte. Respeta la libertad de su hijo, pero sufre.

Y cuando el hijo decide volver, lo ve de lejos y sale a su encuentro, lo estrecha con fuerza entre sus brazos y ordena lleno de alegría: "Ponedle un anillo en la mano —símbolo de la alianza— sacad en seguida el mejor traje, y vestidlo —símbolo de la vida nueva— ponedle sandalias en los pies —símbolo de la dignidad recobrada—, celebremos un banquete, porque este hijo mío estaba muerto y ha revivido; estaba perdido, y lo hemos encontrado" (Lc 15, 11-32).

Juan Pablo II, con ocasión de la XIV Jornada Mundial de la Juventud.

E-mails del Cielo

FALSAS SOLUCIONES

"Uno es el cuerpo, uno el Espíritu, como es una la esperanza a que habéis sido llamados; uno el Señor, una la fe, uno el bautismo, uno Dios, Padre de todos, que está sobre todos, entre nosotros, en todos."

Efesios   **4, 4-6**

Mi joven muchacho:

¿Te sientes solo, nadie te quiere, nadie te entiende? Y entonces estás buscando salidas. ¡Cuidado! Puedes no resolver nada y, por el contrario, generarte más problemas.
Tus amigos te han dicho que si bebes te sentirás mejor, ¡claro que sí! Te olvidarás de todo, te sentirás alegre, dejarás de ser tú mismo, y entonces, si ya no eres tú mismo, ¿de qué te sirve? Si lo único que haces es alejarte momentáneamente de tus problemas en lugar de enfrentarlos, ¿de qué te sirve?
Si crees que tus amigos te aceptarán mejor porque consumas cualquier cosa, ésos no son tus amigos. Te quiero lúcido, inteligente, atento. No bajes los brazos. Yo siempre estaré contigo, yo soy el Señor de la Esperanza.

Tu Amigo

== === == ==========

SANAR LAS HERIDAS

"Aunque hable todas las lenguas humanas y angélicas, si no tengo amor, soy un metal estridente o un platillo estruendoso."

1 Corintios 13, 1

Hijo:

Tienes un problema y no encuentras respuestas, esperas que los demás te den soluciones mágicas, que te ayuden y, sin embargo, te dan la espalda. ¡Te sientes abandonado por los que hasta ayer considerabas tus amigos! No temas, quizás no elegiste bien tus compañías. Pronto tendrás a tu lado gente que te valore y te quiera tal cual eres, con tus defectos y virtudes.

Yo, que te conozco antes de nacer, puedo comprender cómo te sientes, pero estoy aquí para ayudarte a seguir adelante, sanando tus heridas y dándote mi amor.

Pondré en tu camino gente nueva que pueda confortarte, y a quienes puedas corresponder. Recuerda que lo más grande de todo es el amor.

Tu Protector

== == == ==== =======

E-mails del Cielo

SER HOMBRE

"Sean humillados los que nos maltratan, queden confundidos, pierdan el mando, sea triturado su poder y sepan que tú, Señor, eres el Dios único, glorioso, en toda la tierra."

Deuteronomio 3, 44-45

Querido hijo:

Se han burlado de ti porque tienes cuidado de tu cuerpo, porque no te sometes a una botella o a un cigarrillo; se ríen porque, cuando estás con la chica que te gusta, la respetas, porque eres fiel a los valores morales.
Se burlan y te dicen que no eres hombre. ¿Acaso eres más hombre si te dejas manipular por ellos o por sus falsas euforias?
Ser hombre es ser dueño de uno mismo, reflexionar antes de actuar, cumplir con la palabra empeñada, ser responsable por sus actos. El hombre de verdad no esconde la cabeza, no usa a los otros como escudo, asume sus errores y mira de frente la vida. Tú puedes elegir cómo actuar, yo te estaré cuidando.

Quien confía en ti

== == === == ========

¿Y LOS DEMÁS?

"Cada uno aporte lo que en conciencia se ha propuesto, no a disgusto ni a la fuerza, que Dios ama al que que da con alegría."

2 Corintios 9, 7

Jovencito:

Recuerda estas palabras: tú, el otro, él. Parece que se han escapado del vocabulario de los hombres, todo gira en torno al *yo*, todos se miran a sí mismos, olvidando al prójimo.

Las personas se miden por su poder, por su reciedumbre; es mejor el que pega más duro, el que llega más lejos. La única consigna parece ser *ganarles a los demás*.

La pregunta es: ¿ganar, qué? Hazte la pregunta esta noche, en tus oraciones. Piensa detrás de qué corres, por qué te angustias, cuáles son, en realidad, tus objetivos. Detén la carrera.

Medita en la importancia de considerar al otro como tu hermano.

Hermano.doc

Tu Guía

== == === === =======

Amor al hermano

Para saber si se ama realmente a Dios, hay que comprobar si se ama de veras al prójimo. Y, si se quiere probar la calidad del amor al prójimo, hay que preguntarse si se ama realmente a Dios. Pues "quien no ama a su hermano a quien ve, no puede amar a Dios a quien no ve" (1 Jn 4, 20), y "en esto conocemos que amamos a los hijos de Dios: si amamos a Dios y cumplimos sus mandamientos" (1 Jn 5, 2).

Queridos jóvenes: especialmente a vosotros os invito a tomar iniciativas concretas de solidaridad (...). Tomad parte con generosidad en alguno de los proyectos que en los diferentes países ven comprometidos a otros coetáneos vuestros en gestos de fraternidad y solidaridad: será una manera de *devolver* al Señor, en la persona de los pobres, por lo menos algo de todo lo que Él os ha dado a vosotros, a los más afortunados. Y podrá ser también la ocasión inmediatamente visible para una opción fundamental: la de orientar decididamente la vida hacia Dios y los hermanos.

Juan Pablo II, con ocasión de la XIV Jornada Mundial de la Juventud.

E-mails del Cielo

DESDE LEJOS...

"Jesús vio a un publicano llamado Leví, sentado en el despacho de impuestos, y le dijo: 'Sígueme.' Él, dejándolo todo, se levantó y lo siguió."

Lucas 5, 27-28

Muchacho:

¡Qué lejos estás últimamente! Cuando elevas tus oraciones, sólo son para rogar que te proteja, que te ayude; pero cuando debes trabajar en mi nombre, te apartas de la parroquia.

Te regalé la vida y te revelé la Palabra; pero no me miras, tus oídos no escuchan, tu boca repite oraciones de memoria y sin sentimiento.

Acércame a tu vida, yo siempre compartiré tus gozos y tus sueños, tus lágrimas y risas y, aun cuando no me mires, te estaré cuidando. Mis manos son lo suficientemente fuertes para sostenerte, mi Palabra te alcanzará aunque no me escuches. Estoy contigo desde el comienzo y lo haré hasta el fin de los tiempos.

El que siempre te ama

== === === == =======

E-mails del Cielo

ESTAR ENAMORADO

"El amor es paciente, es amable, el amor no es envidioso ni fanfarrón, no es orgulloso ni destemplado, no busca su interés, nos se irrita, no apunta las ofensas, no se alegra de la injusticia, se alegra de la verdad."

1 Corintios   13, 4-6

Hijo:

Te has enamorado y es hermoso. Querer a otra persona es un don, un regalo; y digo querer, no ser querido. Generalmente se cree que es feliz quien es amado; pero, en realidad, es más dichoso quien es capaz de dar amor; esto implica cuidar a alguien, protegerlo, tomarlo de la mano cuando más lo necesita, compartir sus dichas y sus llantos.
Si eres capaz de soportar el dolor por quien amas, de perdonarlo todo, de creer todo, el amor que nació dentro de ti nunca desaparecerá.

Amor.doc

Tu Pastor

P. D.: Te recomiendo especialmente que leas el archivo adjunto que te envío hoy.
=== === === ========

Instalar amor.com

Centro de Atención al Cliente: ¿En qué puedo ayudarlo?

Cliente: Acabo de adquirir el nuevo programa llamado AMOR. Y necesitaría ayuda para instalarlo... ¿Qué debo hacer primero?

C.A.C.: Primero tiene que abrir el directorio MI CORAZÓN. ¿Lo tiene localizado?

Cliente: Sí, aquí está; pero hay otros programas ejecutándose en este momento. ¿Puedo proceder a la instalación mientras están estos programas activos?

C.A.C.: ¿Qué programas son?

Cliente: A ver... Tengo DAÑOSUFRIDO.EXE; BAJAESTIMA.EXE, DOLOR.PPT... ¡Ah!, y RESENTIMIENTO.JPG ejecutándose en estos momentos...

C.A.C.: ¡No hay problema! AMOR.EXE borrará automáticamente DAÑOSUFRIDO.EXE de su sistema operativo, el cual puede permanecer en la memoria permanente, pero no entrará en conflicto con otros programas. AMOR.EXE sobreescribirá temporalmente BAJAESTIMA.EXE con el módulo llamado ALTAAUTOESTIMA.EXE. Sin embargo, es necesario que cierre completamente los programas DOLOR.EXE y RESENTIMIENTO.JPG, ya que pueden alterar la instalación de AMOR.EXE. ¿Puede cerrarlos ahora?

Cliente: No sé exactamente cómo tengo que hacer, ¿me puede decir cómo?

C.A.C.: Es un placer. Vaya al menú INICIO y ejecute la aplicación OLVIDO.EXE. Repita este paso hasta que DOLOR.EXE y RESENTIMIENTO.JPG hayan sido borrados completamente.

Cliente: ¡¡Bien!!, parece que funciona... AMOR.EXE se empezó a instalar automáticamente... ¿Es normal?

C.A.C.: Sí, lo es. Ahora debería recibir un mensaje indicando que se reinstalará de por vida en el directorio MI CORAZÓN, ¿aparece ese mensaje?

Cliente: Sí aparece. ¿Ya está completamente instalado?

SIGUE ➡

C.A.C.: Sí, claro, pero recuerde que lo que tiene solamente es el programa base... ahora necesita conectarlo a otro fichero CORAZÓN.COM en otra computadora, para que pueda conseguir las actualizaciones.

Cliente: Oh... Tengo un mensaje de ERROR, ¿qué puedo hacer?

C.A.C.: ¿De qué mensaje se trata?

Cliente: Dice: "EL PROGRAMA NO ESTÁ EJECUTÁNDOSE EN COMPONENTES INTERNOS"... ¿qué significa?

C.A.C.: No se preocupe, es un problema común, significa que la aplicación AMOR está ejecutándose en CORAZONES externos de otras computadoras, pero todavía no se ha empezado a ejecutar en el suyo. Éste es uno de los problemas técnicos que aún no hemos acabado de resolver, porque cada computador es diferente. En términos de programación significa que, para conectarse, tiene que tener el programa AMOR ejecutándose en su computador antes de que esté instalado en el otro...

Cliente: ¿Qué debería hacer?

C.A.C.: ¿Puede encontrar el directorio llamado ACEPTACIONES.EXE?

Cliente: Sí, lo he localizado.

C.A.C.: Excelente. Va por el buen camino...

Cliente: Gracias.

C.A.C.: Ahora, haga clic en los siguientes ficheros y cópielos al directorio MI CORAZÓN: DESPRENDIMIENTO.DOC; AUTOESTIMA.TXT; MEJORAS.TXT y BONDAD.DOC, y el sistema sobreescribirá cualquier fichero con conflictos y fallas de programación. Me olvidaba... también necesita vaciar completamente la PAPELERA DE RECICLAJE, para asegurarse de que ciertos ficheros nunca más podrán ser recuperados.

Cliente: ¡Conseguido! MI CORAZÓN está empezando a llenarse de ficheros organizados, el video SONRISA.MPG está viéndose en mi monitor en estos momentos, y ENAMORAMIENTO.COM, PAZ.EXE e ILUSIÓN.COM se están autoescribiendo.

SIGUE →

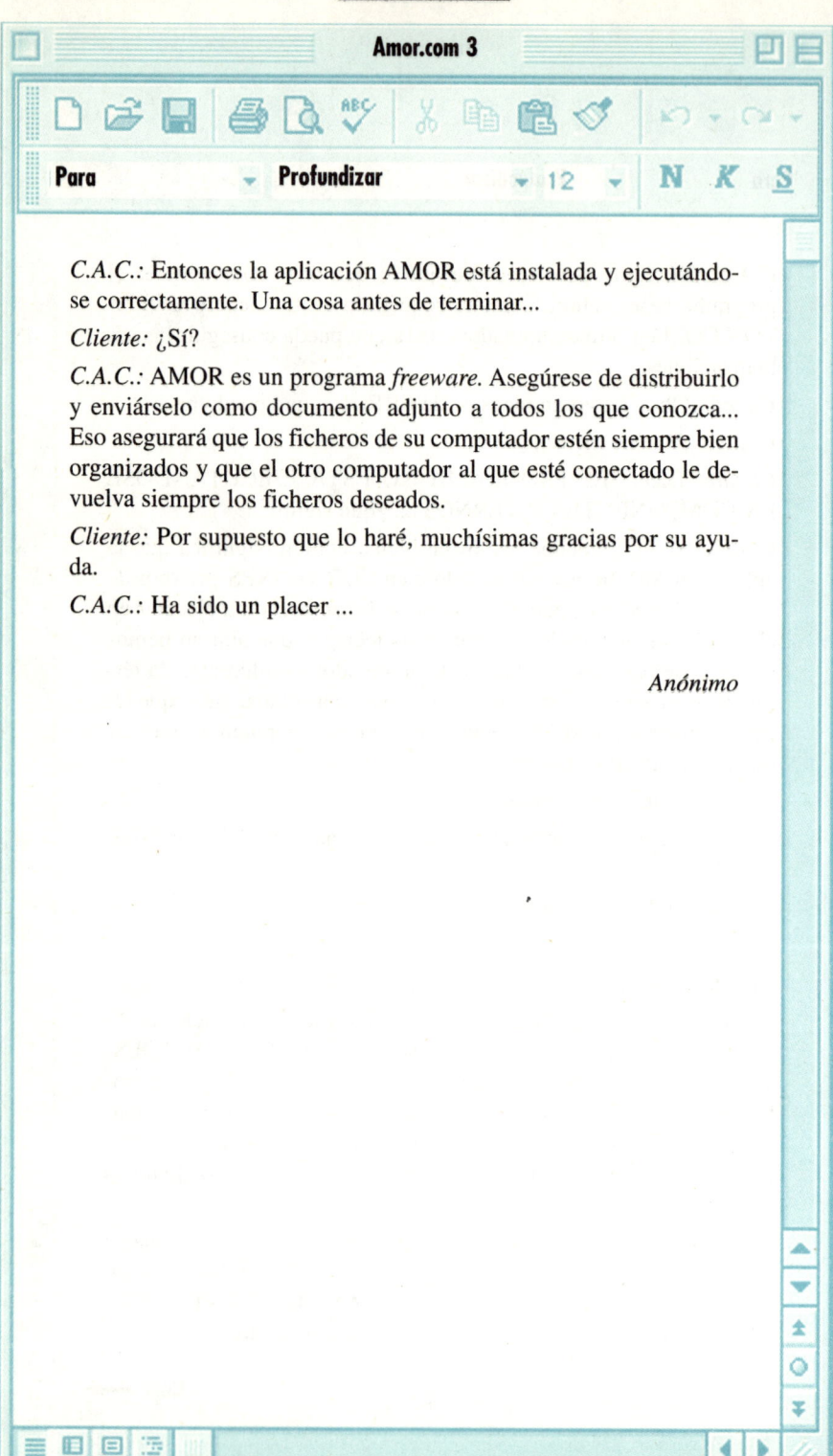

C.A.C.: Entonces la aplicación AMOR está instalada y ejecutándose correctamente. Una cosa antes de terminar...

Cliente: ¿Sí?

C.A.C.: AMOR es un programa *freeware*. Asegúrese de distribuirlo y enviárselo como documento adjunto a todos los que conozca... Eso asegurará que los ficheros de su computador estén siempre bien organizados y que el otro computador al que esté conectado le devuelva siempre los ficheros deseados.

Cliente: Por supuesto que lo haré, muchísimas gracias por su ayuda.

C.A.C.: Ha sido un placer ...

Anónimo

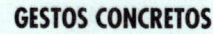

GESTOS CONCRETOS

*"Dichoso el hombre a quien no le reprocha la conciencia
ni ha perdido la esperanza."*

 Eclesiástico 14,1-2

Amado hijo:

¿Cuánto hace que no te acercas a tu papá o a tu mamá para decirles que los quieres? ¿Crees que con hacerles un regalo en su día o saludarlos en su cumpleaños basta? Los gestos, las caricias, las miradas y cada una de tus actitudes le dicen claramente a tus padres cuánto los amas; pero qué bueno sería si pudieras dejar de ir al club una tarde, o por un día no charlaras horas con tus amigos por teléfono, o si no fueras una mañana de domingo a dar vueltas con tu bicicleta y, en cambio, dedicaras ese tiempo a caminar con tu padre, a llevarle un ramo de flores a tu mamá. No se es menos hombre, ni menos moderno por dar amor a quienes te rodean, por compartir momentos simples, cotidianos. ¡Es tan sencillo hacer felices a quienes te rodean!
Demuéstrales tu amor. Encuentra tiempo para decir "te quiero".

Quien siempre te ama.

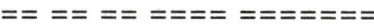

DIFICULTADES

"Desprendámonos de cualquier carga y del pecado que nos acorrala; corramos con constancia la carrera que nos espera, fijos los ojos en el que inició y consumó la fe, en Jesús."

Hebreos 12, 1-2

Joven amigo:

Te escuché comentar con tus amigos lo difícil que te resulta concentrarte para rezar. Claro, estás distraído, a tu alrededor el mundo parece girar como las luces de una discoteca: la moda, la publicidad, la música, todo te bombardea; además tienes esos exámenes que cada día son más y más difíciles, y ni que hablar de esa muchachita que el otro día te sonrió cuando ibas para la escuela...
Difícil, claro que es difícil vencer en una carrera cuando todo alrededor grita que debes detenerte, ir hacia otro lado, desistir...
Cuando estés a punto de darte por vencido, piensa en mi Hijo, su ejemplo te dará la fuerza necesaria para seguir corriendo, y no sólo eso, sino para ganar en la carrera de la vida.

Tu Fuente de energía

== == === == ========

E-mails del Cielo

CAMBIOS

"Vosotros sois la raza escogida, sacerdocio real, nación santa y pueblo adquirido para que proclame las proezas del que os llamó de las tinieblas a su maravillosa luz."

1 Pedro 2, 9

Muchacho:

No te aflijas, no eres el único, los jóvenes a tu edad están buscando su identidad. A veces te miras al espejo y no te reconoces, estás creciendo, cambió tu físico, tu voz, y también tus gustos e intereses.

Pero tú tienes algo que te hace único, eres una criatura nueva (cf. 2 Co 5, 17) porque como tal te he elegido, para que proclames con tu vida la fe, el amor, la paz. Te amo porque eres mi creación, y te protejo porque en tu juventud deposito mi esperanza.

El que te dio la vida

== == == === ========

NOVIAZGO

"Ábreme, amada mía, mi paloma sin mancha, que tengo la cabeza cuajada de rocío".

Cantar de los cantares   **5, 2**

Mi afortunado hijo:

Y digo afortunado porque dentro de ti se enciende la llama del amor. Una llama incipiente que quiere amar a otra persona.

Ten cuidado, no te confundas, los sentimientos son mucho más que simples contactos físicos. No se trata tan sólo de liberar tu instinto, sino de crecer en el amor humano para llegar a la madurez de ser hombre. Si formas una pareja, recuerda que el sexo es una expresión de amor; es, realmente, la culminación del amor, no un paso previo, sino una actitud donde se ponen en juego sentimientos, voluntad, espíritu, emoción, respeto, confianza y responsabilidad.

El Amor verdadero

== === === === ======

SER LAICO

"Como el Padre me envió, así los envío a ustedes."

Juan 20, 21

Hijo:

¿Reflexionaste sobre cuál es el papel que te corresponde como cristiano en el mundo de hoy? La Iglesia te necesita para una Nueva Evangelización. No lo dudes, hay un lugar que sólo tú puedes ocupar. Tú, joven digno, inteligente, libre, llevarás adelante la cruzada de amor que conduzca a otros al camino de la fe. Los laicos tienen una meta que alcanzar, tu misión evangelizadora será la llave que abra la puerta para que otros jóvenes me conozcan.

Evangelización.doc

Tu Hostia

Evangelización.doc

Para | Profundizar | 12 | N K S

Nueva Evangelización

La Nueva Evangelización es, ante todo, un llamado a la conversión y a la esperanza, que se apoya en las promesas de Dios y que tiene como certeza inquebrantable la resurrección de Cristo, primer anuncio y raíz de toda evangelización, fundamento de toda promoción humana, principio de toda cultura cristiana.

Es también un nuevo ámbito vital, un nuevo Pentecostés, donde la acogida del Espíritu Santo hará surgir un pueblo renovado, constituido por hombres libres, conscientes de su dignidad.

La Nueva Evangelización tiene como finalidad formar hombres y comunidades maduras en la fe, y dar respuesta a la nueva situación que vivimos, provocada por los cambios sociales y culturales de la modernidad.

Juan Pablo II

CONCENTRACIÓN

"Pues vale más un día en tus atrios que mil en mi estancia; o pisar el umbral de la casa de Dios, que morar en la tienda del malvado."

Salmo 84, 11

Joven amigo:

Sé que, cuando quieres concentrarte en la oración, tu espíritu vuela; te dispersas, mil imágenes se agolpan en tu mente. Los sonidos externos te invaden. No puedes escucharme, no puedes sentirme, te enredas en una charla infructuosa contigo mismo. Sientes que debes librar una batalla, un combate entre tu mente y la serenidad, entre tu bullicio interior y tu paz. Serénate y así podrás disfrutar de la paz del corazón.

Corazón.doc

El Señor de la Libertad

Cuando habla el corazón

El Evangelio nos dice que, cuando Cristo rezaba, se llenaba de gozo, pero también lloraba y suplicaba.

En nosotros puede haber resistencias, opacidades, momentos de oración en los que nuestros labios permanecen inexplicablemente cerrados.

Pero "hay también una voz y un lenguaje del corazón. Esta voz interior es nuestra oración cuando nuestros labios permanecen cerrados y nuestra alma está abierta ante Dios. Nos callamos y nuestro corazón habla; no para los oídos humanos, sino para Dios. Tenlo por seguro: Dios sabrá escucharte".

Carta del Hermano Roger, de Taizé.

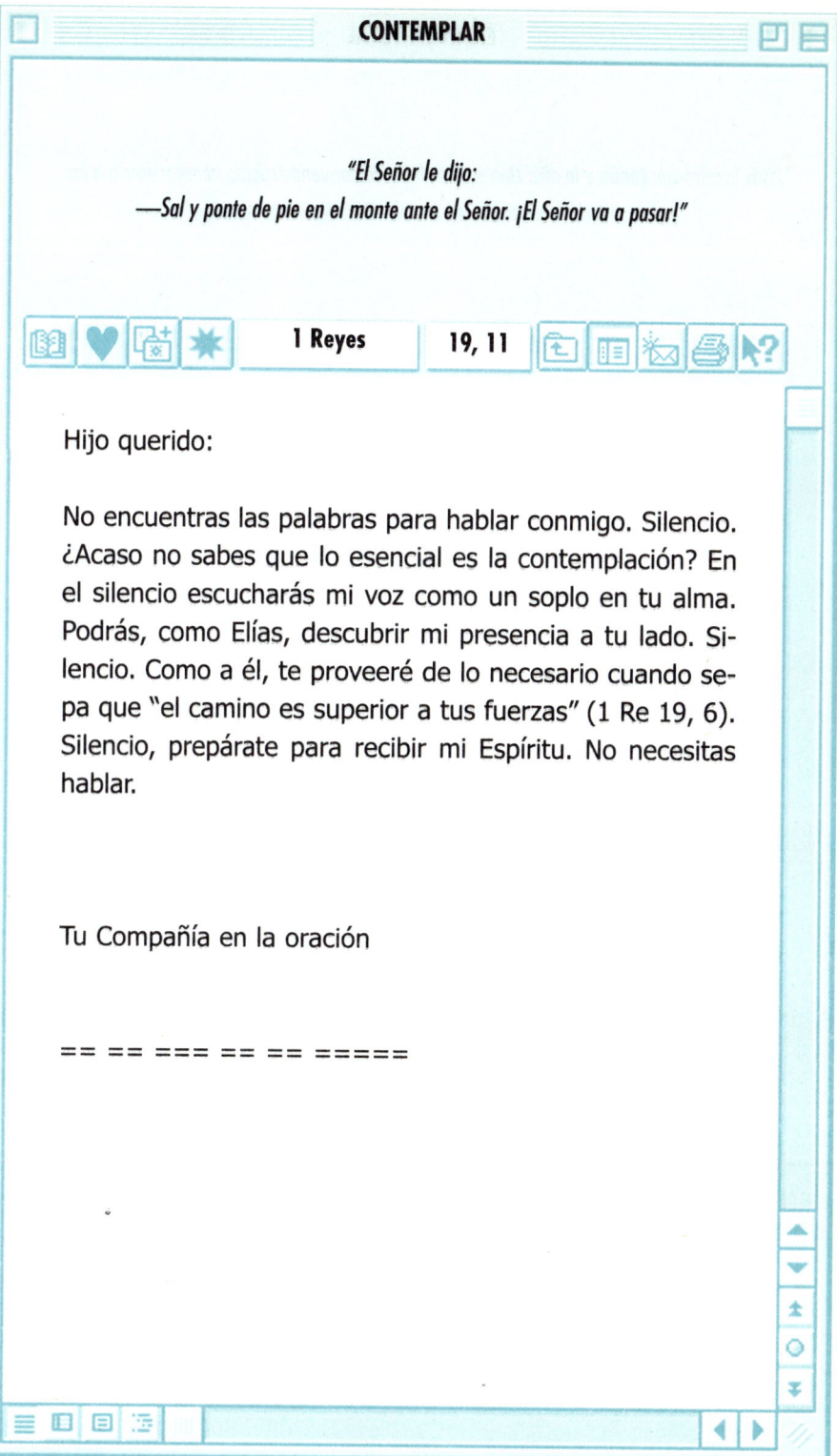

CONTEMPLAR

"El Señor le dijo:
—Sal y ponte de pie en el monte ante el Señor. ¡El Señor va a pasar!"

1 Reyes   19, 11

Hijo querido:

No encuentras las palabras para hablar conmigo. Silencio. ¿Acaso no sabes que lo esencial es la contemplación? En el silencio escucharás mi voz como un soplo en tu alma. Podrás, como Elías, descubrir mi presencia a tu lado. Silencio. Como a él, te proveeré de lo necesario cuando sepa que "el camino es superior a tus fuerzas" (1 Re 19, 6). Silencio, prepárate para recibir mi Espíritu. No necesitas hablar.

Tu Compañía en la oración

== == === == == =====

ENTREGA TOTAL

"Jesús lo miró con cariño y le dijo: Una cosa te falta; anda, vende cuanto tienes y dáselo a los pobres y tendrás un tesoro en el cielo. Después vente conmigo."

Marcos 10, 21

Querido hijo:

¿Estás realmente dispuesto a entregarte a mi amor? Dentro de ti pelean, como enemigos, la razón y el espíritu, el dolor y el temor, el amor y el odio. No dudes en dejar de lado todo lo que te aleja de mi alegría, de mi paz, de mi claridad, de la luz que mi Reino te ofrece.
Conviértete al amor. Madura en la entrega. Crece en tu vida interior.

El Creador de nueva vida

== === == === =======

E-mails del Cielo

AQUÍ ESTOY

"No lo habéis visto y lo amáis, sin verlo, creéis en él y os alegráis con gozo indecible y glorioso, pues vais a recibir, como término de vuestra fe, la salvación personal."

1 Pedro   **1, 8-9**

Hijo:

Acércate, ¿buscas mi rostro? Está en cada una de las pequeñas cosas que te rodean. La lluvia y el granizo, el sol y la mañana; las fuerzas que te insuflo para seguir andando, todo proviene de mí y todo te lo doy.

Aprende a mirar a tu alrededor, me encontrarás y, cuando lo hagas, ya no necesitarás buscarme. Yo me presentaré en tu vida para darte la eterna felicidad.

Tu compañero

== == == ===========

TU PAZ

"Alegría de corazón es vida del hombre, el gozo alarga sus años... Corazón alegre es gran festín que hace provecho al que lo come."

Eclesiástico 30, 25

Amado hijo:

Es de noche. Levanta los ojos al cielo infinito, respira profundo. Sientes la paz que invade tu alma. Te sientes pleno. Alégrate.

Nada te perturba, nada te aleja de mí. Estamos solos en la calma profunda. Piensa en las cosas que más amas, en todo lo que tienes. Alégrate. Disfruta plenamente del momento precioso que te regalo. Soy la paz, la serenidad, el sosiego, y todo te lo entrego, sólo aduéñate de mí.

Alégrate.doc

Tu Padre colmado de alegría

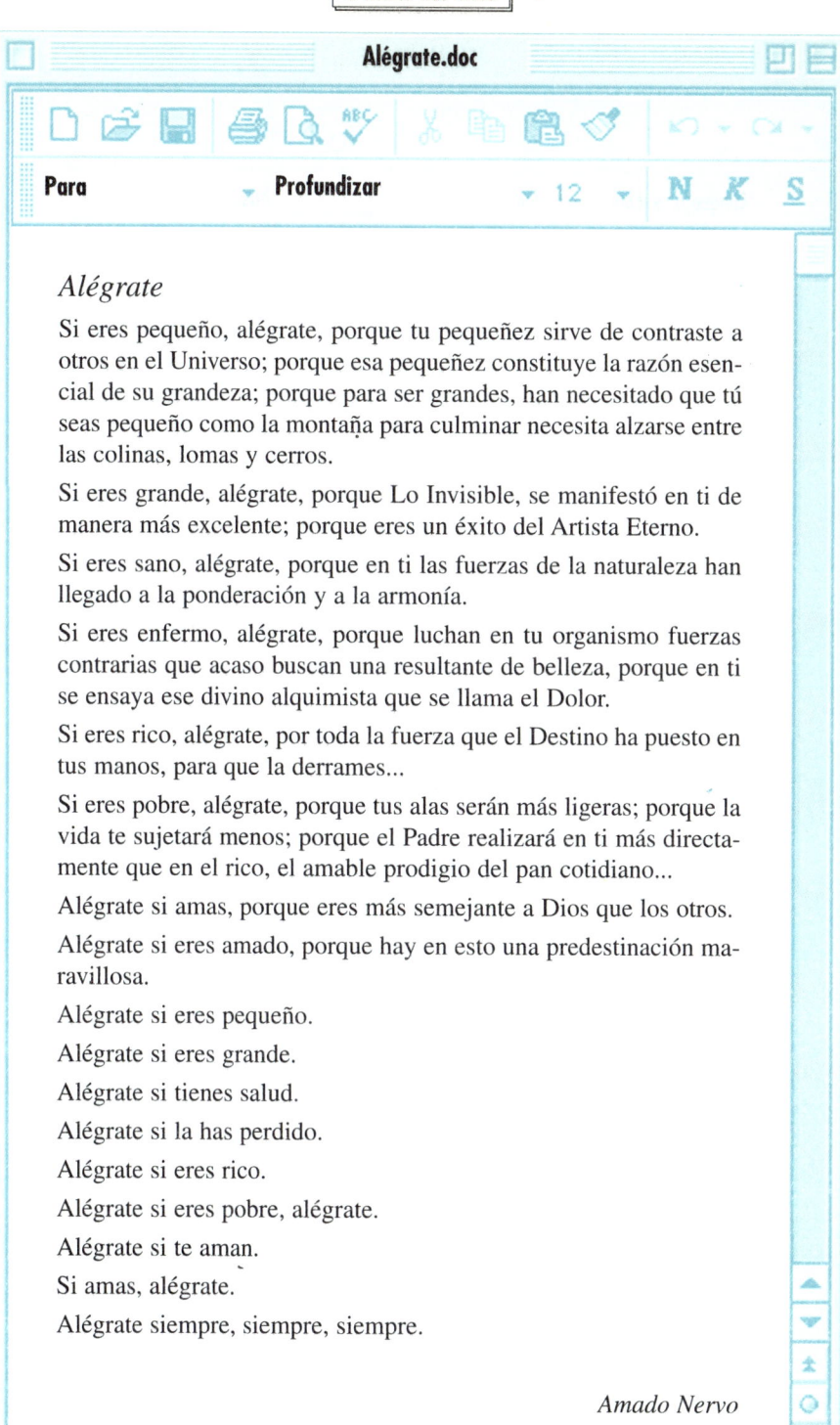

Alégrate

Si eres pequeño, alégrate, porque tu pequeñez sirve de contraste a otros en el Universo; porque esa pequeñez constituye la razón esencial de su grandeza; porque para ser grandes, han necesitado que tú seas pequeño como la montaña para culminar necesita alzarse entre las colinas, lomas y cerros.

Si eres grande, alégrate, porque Lo Invisible, se manifestó en ti de manera más excelente; porque eres un éxito del Artista Eterno.

Si eres sano, alégrate, porque en ti las fuerzas de la naturaleza han llegado a la ponderación y a la armonía.

Si eres enfermo, alégrate, porque luchan en tu organismo fuerzas contrarias que acaso buscan una resultante de belleza, porque en ti se ensaya ese divino alquimista que se llama el Dolor.

Si eres rico, alégrate, por toda la fuerza que el Destino ha puesto en tus manos, para que la derrames...

Si eres pobre, alégrate, porque tus alas serán más ligeras; porque la vida te sujetará menos; porque el Padre realizará en ti más directamente que en el rico, el amable prodigio del pan cotidiano...

Alégrate si amas, porque eres más semejante a Dios que los otros.

Alégrate si eres amado, porque hay en esto una predestinación maravillosa.

Alégrate si eres pequeño.

Alégrate si eres grande.

Alégrate si tienes salud.

Alégrate si la has perdido.

Alégrate si eres rico.

Alégrate si eres pobre, alégrate.

Alégrate si te aman.

Si amas, alégrate.

Alégrate siempre, siempre, siempre.

Amado Nervo

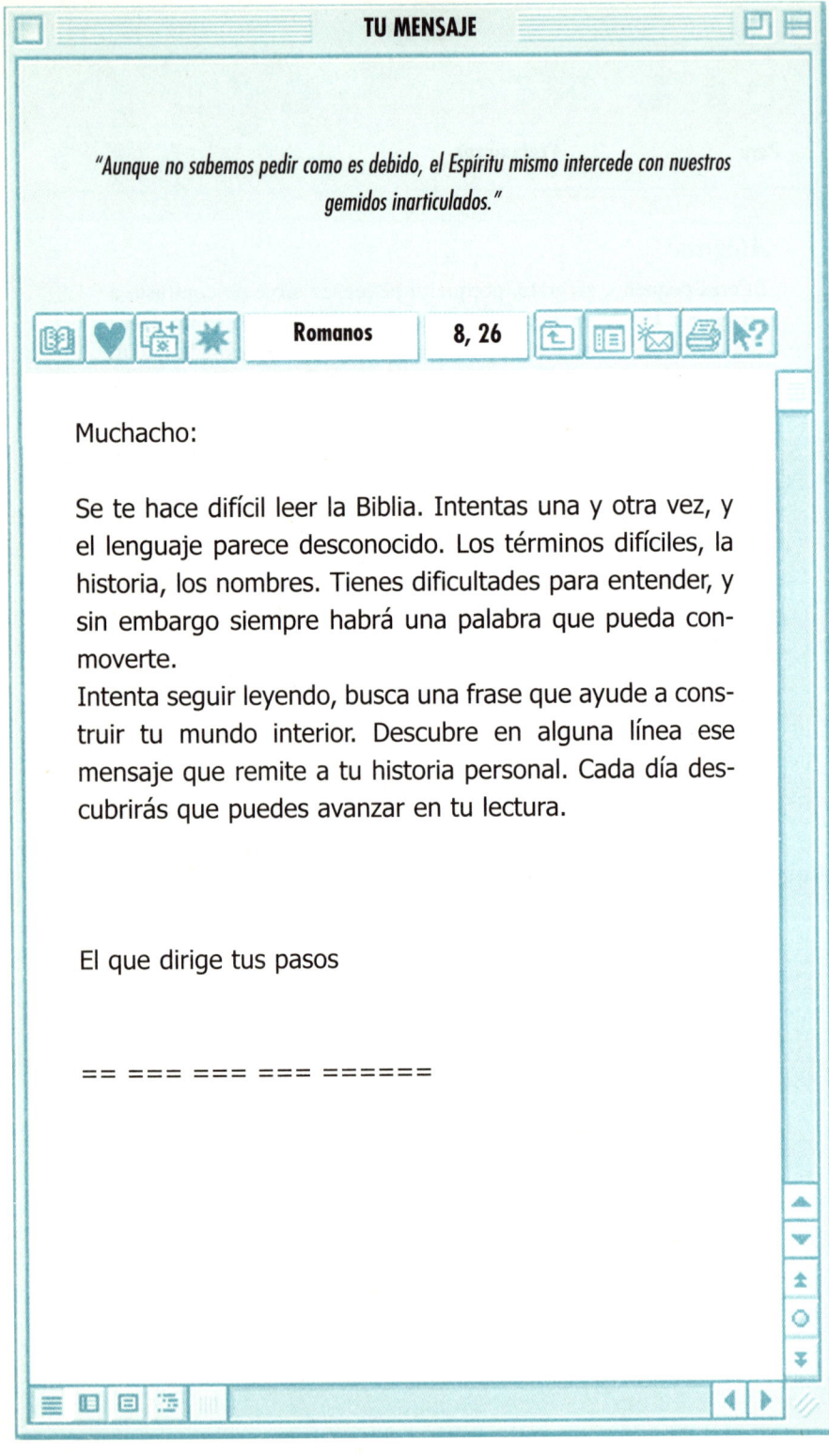

TU MENSAJE

"Aunque no sabemos pedir como es debido, el Espíritu mismo intercede con nuestros gemidos inarticulados."

Romanos 8, 26

Muchacho:

Se te hace difícil leer la Biblia. Intentas una y otra vez, y el lenguaje parece desconocido. Los términos difíciles, la historia, los nombres. Tienes dificultades para entender, y sin embargo siempre habrá una palabra que pueda conmoverte.

Intenta seguir leyendo, busca una frase que ayude a construir tu mundo interior. Descubre en alguna línea ese mensaje que remite a tu historia personal. Cada día descubrirás que puedes avanzar en tu lectura.

El que dirige tus pasos

== === === === ======

E-mails del Cielo

EL CUERPO

"Sondéame, Dios, y conoce mi corazón, ponme a prueba para conocer mis sentimientos: mira si mi conducta es ofensiva y guíame por el camino eterno."

Salmo 139, 23-24

Hijo:

Toma mi mano o, lo que es lo mismo, aférrate a la vida. La vida es ese regalo maravillo que te hice, cuídala. Tu cuerpo es el templo que debes proteger.
Te han ofrecido fórmulas para cuidarlo, alquimias mágicas que te convierten en más fuerte, en más enérgico, en más alto o más flaco...
Alimenta tu espíritu y tu cuerpo con elementos sanos que no son, precisamente, ideas extrañas o técnicas portentosas, remedios o drogas infalibles.
Ama la vida.

Tu Señor

=== === === ========

E-mails del Cielo

COMPRENDER

*"No hagáis nada por ambición o vanagloria,
antes con humildad tened a los otros por mejores."*

Filipenses 2, 3

Hijo amado:

¿Experimentaste la sencillez del corazón? Me parece que no. Crees que a tu alrededor todos son torpes, aburridos, inmaduros. No puedes integrarte en ese grupo de la escuela porque nadie hace las cosas como tú. No puedes salir con tus conocidos, son todos demasiado torpes...
La realidad es que te estás quedando solo. Tienes que aprender a aceptar a los demás. Cada ser humano tiene algo para dar. No busques la perfección en tus amigos, claro que no son perfectos. ¿Tú lo eres? Deja de lado la vanagloria. Sé humilde, comprende a los demás.

El que sabe exactamente quién eres

== ================

ECUMENISMO

"No se distinguen griego de judío, circunciso e incircunciso, bárbaro y escita, esclavo y libre, sino que Cristo lo es todo para todos. Como elegidos de Dios, consagrados y amados, revestíos de compasión entrañable, amabilidad, humildad, modestia, paciencia; soportaos mutuamente."

Colosenses 3, 11-13

Hijo amado:

En el nuevo siglo, una consigna debiera llegar definitivamente a los hombres: amarse y respetarse, reconciliarse por encima de todo el dolor, de todas las diferencias.
Ten vocación ecuménica. La discriminación ha sumido a la humanidad en la angustia, la guerra, el escarnio. Aceptar al otro, diferente, es la manera de ser reflejo de mi Amor.

El Padre de la Esperanza

===== === === ======

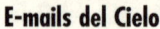

SIN RENCORES

"Amad a vuestros enemigos, rezad por los que os persiguen."

Mateo 5, 44

Querido muchacho:

El dolor que otros te causen no es motivo para que te levantes contra ellos. Si crees que devolviendo mal con mal te sentirás mejor, te equivocas. Compadécete de aquellos que sólo saben lastimar, que desprecian, que odian. Reza por ellos, para que comprendan la única Verdad. Mi Hijo aconsejó: "Al que te golpee en una mejilla, ofrécele la otra" (Lc 6, 29).
No te confundas, no es debilidad. Es entereza, es la seguridad de que cuentas con tu grandeza interior para poder hacerlo.

Perdón.doc

Tu Fortaleza

E-mails del Cielo

Perdón.doc

Reconciliarnos

Cristo dirige una llamada nueva: "Amad a vuestros enemigos, rezad por quienes os hacen mal." Y, como amar significa perdonar, Dios espera que vayamos lo más lejos posible en el camino del perdón. Ahí se encuentra el secreto de una libertad.

Quien aspira a una reconciliación, busca escuchar más que convencer, comprender más que imponerse.

Nosotros, que quisiéramos seguir a Cristo, quizás en nuestra infancia o a lo largo de la vida hayamos sido humillados o incluso rechazados.

Llega el día en que nos damos cuenta: yo no puedo quedarme ahí, voy a ir hacia los que me han herido.

Si nos rechazan, ¿dejaremos que el veneno de la amargura paralice nuestras profundidades? No, de ninguna manera.

Descubriremos que, cuando tomamos el riesgo de la confianza, nuestro propio corazón se ensancha. Y brota lo inesperado: la reconciliación se reconoce en nosotros por la paz y la alegría que suscita.

Cuando muchos cristianos han perdido la alegría, la llamada a reconciliarnos nos interpela más que nunca.

Carta del Hermano Roger, de Taizé.

DUDAS DE FE

"Acoged al que flaquea en la fe, sin discutir sus razonamientos."

Romanos 14, 1

Hijo:

Tu amigo te ha planteado un dilema: tiene dudas, tambalea su fe, está lleno de preguntas. Se siente vacío y no sabes cómo ayudarlo.

Invítalo a tu casa, comparte junto a él una oración. Muéstrale tu espíritu pleno de fe y amor. Sé testimonio vivo de esperanza, confianza y fidelidad. Ayúdalo a comprender que el Espíritu Santo vive en él.

El Padre de Todos

== === === === ======

AMOR EN OBRAS

"Hijitos, no amemos de palabra y con la boca, sino con obras y de verdad."

Juan   **3, 18**

Apreciado hijo:

Subida a un escenario o a una tribuna, vemos continuamente gente que pregona el amor. Frases que nos hablan de cuánto aman, todo lo que nos quieren. Ellos teatralizan el amor, lo vacían de significado.
El amor verdadero no se enuncia. No es necesario decir lo bueno que harás. Hazlo. Que tus obras sean tu canto de amor, que tus palabras sean tus gestos de amor, que tu entrega por los demás sea la representación del amor que te he dado.

Tu Guía

= =================

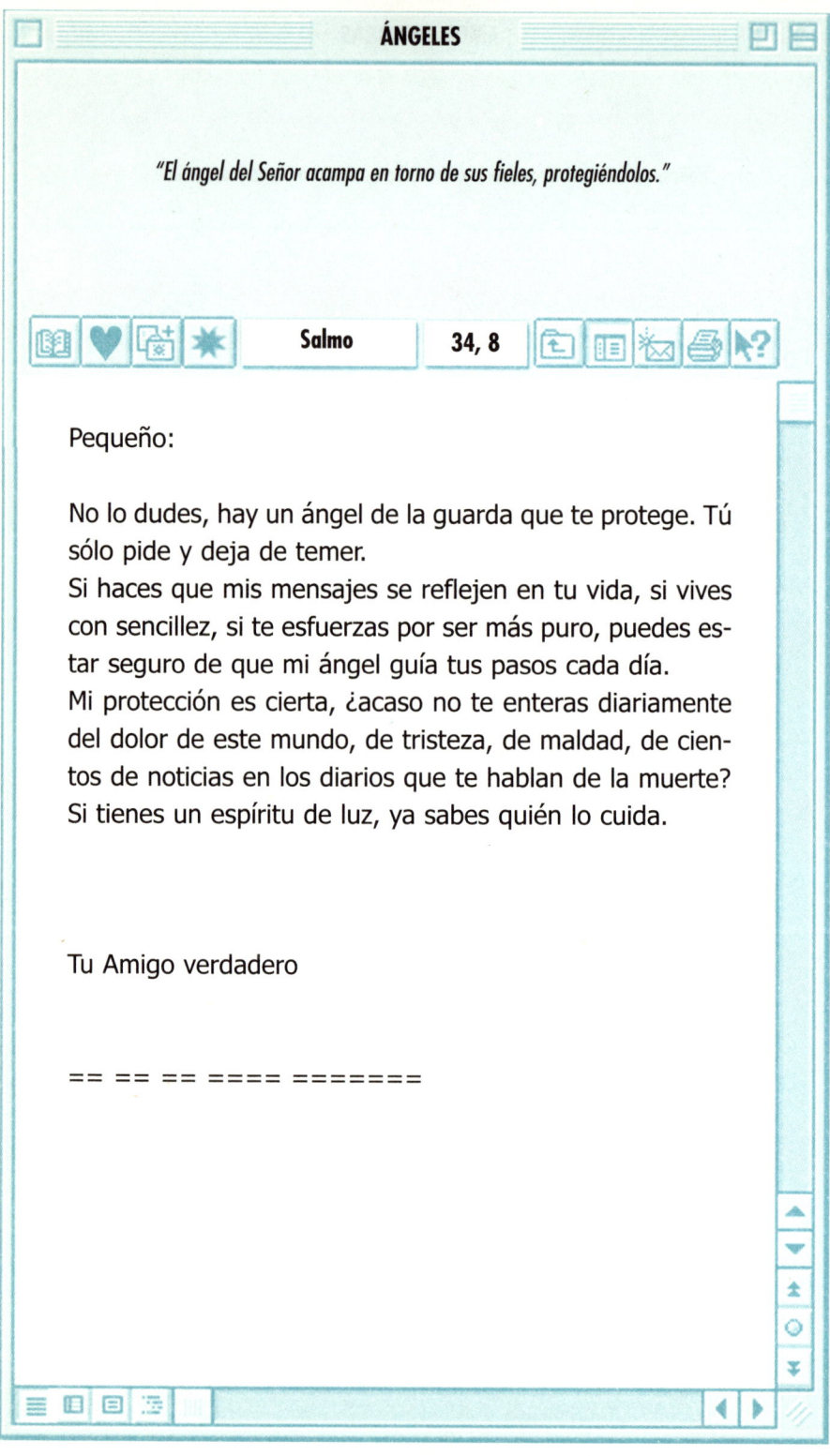

ÁNGELES

"El ángel del Señor acampa en torno de sus fieles, protegiéndolos."

Salmo 34, 8

Pequeño:

No lo dudes, hay un ángel de la guarda que te protege. Tú sólo pide y deja de temer.

Si haces que mis mensajes se reflejen en tu vida, si vives con sencillez, si te esfuerzas por ser más puro, puedes estar seguro de que mi ángel guía tus pasos cada día.

Mi protección es cierta, ¿acaso no te enteras diariamente del dolor de este mundo, de tristeza, de maldad, de cientos de noticias en los diarios que te hablan de la muerte? Si tienes un espíritu de luz, ya sabes quién lo cuida.

Tu Amigo verdadero

E-mails del Cielo

EL VERDADERO ÉXITO

"No améis al mundo ni lo que hay en él; quien ama al mundo no posee el amor del Padre."

Juan 2, 15

Joven:

Te dijeron que debes insertarte en el mundo, que tienes que vivir la vida, lograr poder, dinero, una posición. La sociedad te tienta con sus ofertas y sé que cuesta dar vuelta la cara, negarse a entrar en la corriente que te ofrece el éxito seguro, los logros fáciles.
Todo el tiempo, los hombres quieren ser lo que no son, aparentando ser algo diferente y viviendo fuera de la realidad.
¿Qué es lo que tú quieres, pasar por el mundo o permanecer por siempre en mi Reino?

El Creador de todo lo conocido

== == == == = == = ===

E-mails del Cielo

EL ESPÍRITU

"El viento sopla hacia donde quiere: oyes su voz, pero no sabes de dónde viene ni a dónde va. Así sucede con el que ha nacido del Espíritu."

Juan 3, 8

Mi pequeño muchacho:

Temes no entender la grandeza de mis palabras. La Escritura te dice que soy como un viento que no sabe de dónde viene ni hacia dónde va. Pero no soy invisible, pues estoy contigo donde quiera que vayas, mi rumbo es tu rumbo.
Has nacido del Espíritu y por eso te guiaré hacia la verdad plena. Prepárate a escuchar mi voz.

Tu Compañero

== ======== ==== ===

TU HISTORIA

"Quien conserva y guarda mis mandamientos, ése sí que me ama. A quien me ama lo amará mi Padre, lo amaré yo y me manifestaré a él."

Juan 14, 21

Hijo:

Tu vida es un libro cuyas páginas aún no están escritas, pon en él tu mejor inspiración. Acaso elijas la tinta negra del fracaso, los grises del desamor, las oscuridades de la nostalgia y de la pérdida.
Sin embargo, puedes optar por dotar a cada hoja con los más hermosos colores, con las frases más puras, con las mejores intenciones. Yo te daré tinta multicolor para que sólo imprimas la dicha.

Frutos.doc

Tu Luz

Frutos.doc

Para Profundizar 12 N K S

Frutos del Espíritu

El Espíritu Santo nos hace audaces, impulsa a contemplar la gloria de Dios en la existencia y en el trabajo de cada día. Impulsa a hacer la experiencia del misterio de Cristo en la Liturgia, a hacer resonar la Palabra en toda la vida, con la seguridad de que siempre dirá algo nuevo; ayuda a comprometerse para siempre a pesar del miedo al fracaso, a afrontar los peligros y superar las barreras que separan las culturas para anunciar el Evangelio, para trabajar incansablemente por la continua renovación de la Iglesia sin constituirse en jueces de los hermanos.

Juan Pablo II, XIII Jornada Mundial de la Juventud de 1998.

COMPROMISO

"Hermanos, ocupaos de cuanto es verdadero, noble, justo, puro, amable y loable de toda virtud y todo valor."

Filipenses   4, 8

Hijo:

El compromiso con tus hermanos es el cielo que persigues. La entrega a quienes te necesitan es la luz que buscas. El amor que ofreces es el sendero que te conduce a mi morada.

La comunión que anhelas conmigo es nada más y nada menos que la comunión con los otros seres humanos en sus luchas y en sus necesidades.

Ora para asumir el coraje de responsabilizarte por los demás.

Tu mejor Inspiración

== === === =========

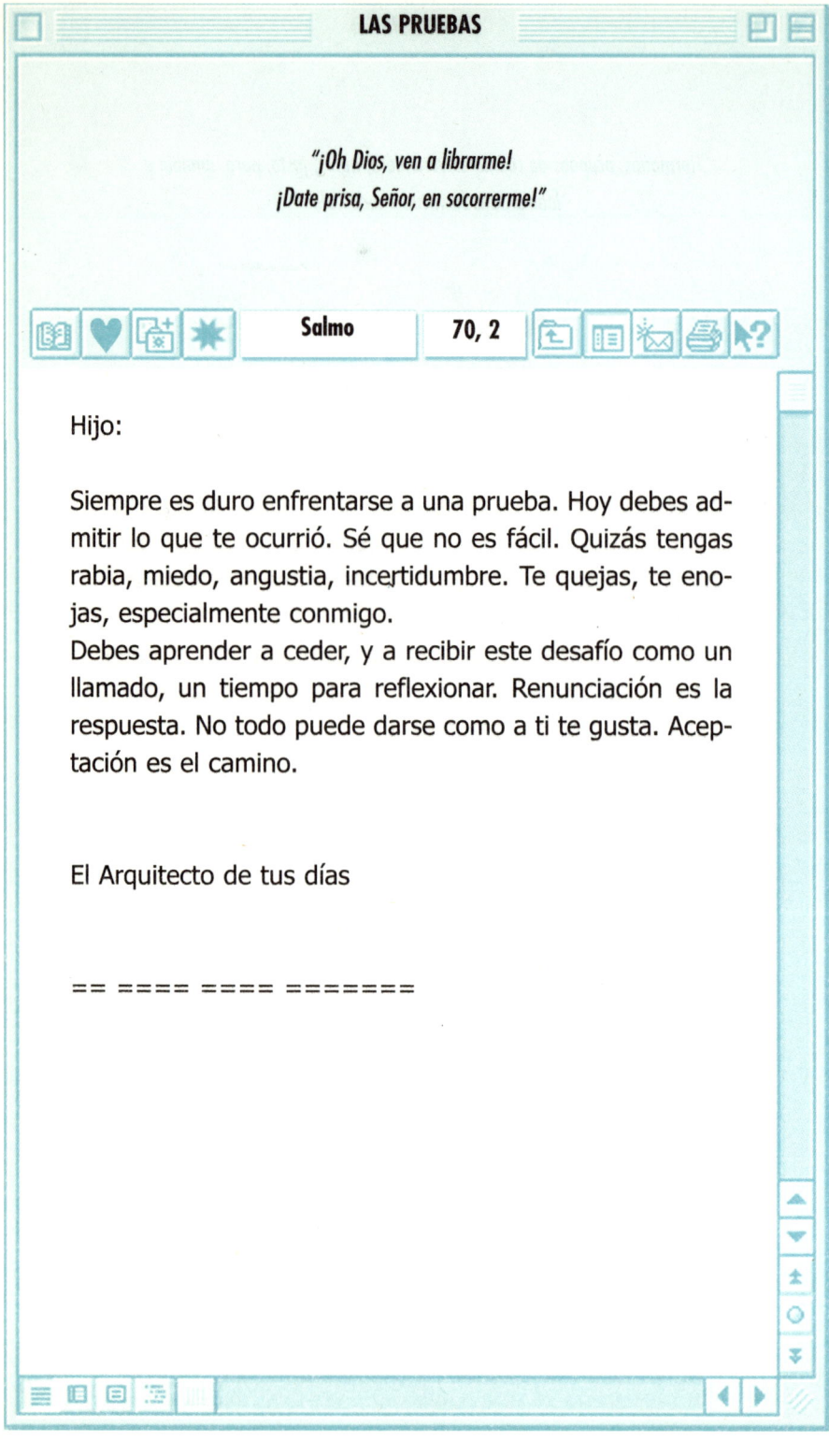

LAS PRUEBAS

*"¡Oh Dios, ven a librarme!
¡Date prisa, Señor, en socorrerme!"*

Salmo 70, 2

Hijo:

Siempre es duro enfrentarse a una prueba. Hoy debes admitir lo que te ocurrió. Sé que no es fácil. Quizás tengas rabia, miedo, angustia, incertidumbre. Te quejas, te enojas, especialmente conmigo.
Debes aprender a ceder, y a recibir este desafío como un llamado, un tiempo para reflexionar. Renunciación es la respuesta. No todo puede darse como a ti te gusta. Aceptación es el camino.

El Arquitecto de tus días

== ==== ==== =======

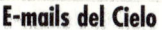

VIDA INTENSA

"Acercaos aquí a escuchar las palabras del Señor, vuestro Dios. Así conoceréis que un Dios vivo está en medio de vosotros."

 Josué   3, 9-10

Mi querido niño:

Piensas que nada tiene sentido. Has escuchado decir a tus amigos que no es necesario estudiar, que lo importante es divertirse; que no es importante trabajar, que la vida merece ser vivida.

Justamente, porque merece ser vivida *bien*, no debes desperdiciar un solo instante gratuitamente. Cada uno de los segundos que componen tu día son valiosos y cada acción que emprendas debe dar muestras de tu responsabilidad frente al don de la vida. La plenitud con que encares cada jornada, la alegría, la fe, el entusiasmo, te hará realmente un joven maduro. No hay recetas mágicas ni soluciones exteriores a ti, descubre la totalidad de tu propia vida. Busca dentro de tu corazón.

Vida.doc

Tu Maestro

¿Qué es la vida?

La vida es una oportunidad, aprovéchala.
La vida es belleza, admírala.
La vida es un sueño, hazlo realidad.
La vida es un reto, afróntalo.
La vida es un deber, cúmplelo.
La vida es un juego, juégalo.
La vida es preciosa, cuídala.
La vida es riqueza, consérvala.
La vida es amor, gózala.
La vida es promesa, cúmplela.
La vida es tristeza, supérala.
La vida es un himno, cántalo.
La vida es un combate, acéptalo.
La vida es una tragedia, afróntala.
La vida es una aventura, realízala.
La vida es felicidad, merécela.
La vida es la vida, defiéndela.

Teresa de Calcuta

SER LIBRE

"Si os mantenéis fieles a mi palabra, seréis realmente discípulos míos, entenderéis la verdad y la verdad os hará libres."

Juan 8, 31-32

Hijo mío:

Hoy gritaste que ya eres grande, pediste que no te ahogasen con controles. "Quiero libertad", sostenías. Libertad para salir con tus amigos, para pasear, para regresar más tarde.

¿Libertad? ¿Acaso esta actitud no te ata a modas falsas; no estás sujeto de pies y manos a formas de hablar, de comportarte, de elegir; no estás encadenado a usos y costumbres que otros te imponen?

Ser libre es un estado de ánimo, es una actitud del espíritu. ¿Por qué no intentas alcanzar la libertad de ser tú mismo?

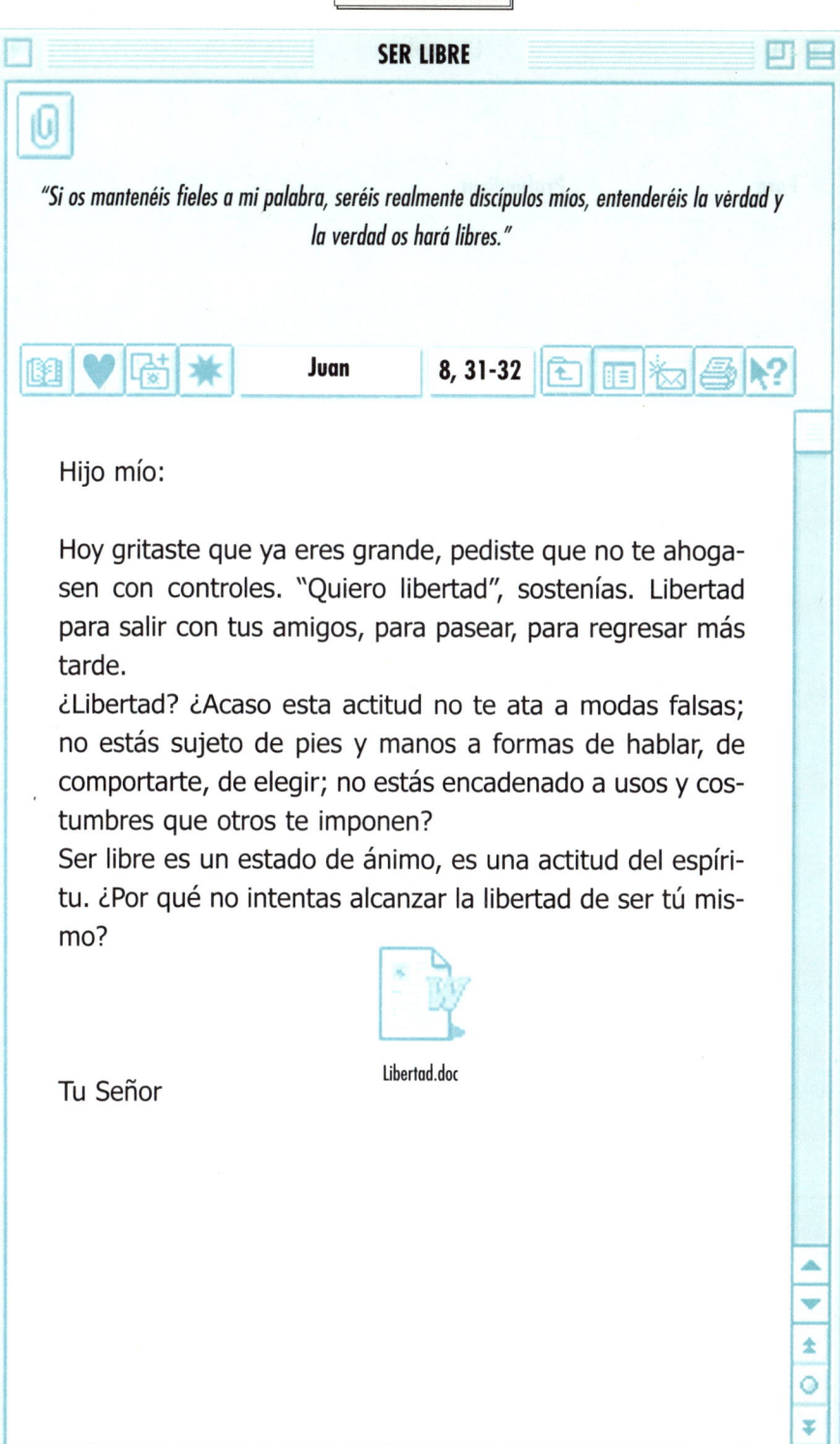

Libertad.doc

Tu Señor

Libertad.doc

Para Profundizar 12 N K S

Libertad y esclavitud

Es importante que todos lleguen a ser buscadores apasionados de la verdad y sus testigos intrépidos. ¡Nunca deben resignarse a la mentira, a la falsedad y a las componendas!

Reaccionen con vigor ante quien intente apoderarse de su inteligencia y seducir su corazón con mensajes y propuestas que los hacen esclavos del consumismo, del sexo desordenado y de la violencia, hasta llevar al vacío de la soledad y a las sendas sinuosas de la cultura de la muerte.

Desvinculada de la verdad, toda libertad se convierte en una nueva esclavitud, mucho más pesada.

Juan Pablo II a la juventud de Roma.

AMOR VERDADERO

"Todo lo que hagáis, de palabra o de obra, hacedlo invocando al Señor Jesús, dando gracias a Dios Padre por medio de él."

Colosenses 3, 17

Mi amado hijo:

Te sientes diferente. Tus sentimientos bullen cada vez que la ves. Deseas amar y ser amado. Es bueno experimentar el amor verdadero, el de la entrega y el respeto por el otro.
Si amas de verdad, con un cariño genuino, tu sexualidad ocupará el lugar exacto en tu vida.
Quizás te muestren otros modelos, formas de vivir y de amar que parecen ser más libres. ¿Te sientes capaz de optar por el desafío de vivir el amor auténtico, exigente, pero que te hará realmente libre y feliz?

Tu Redentor

=== === === === =====

E-mails del Cielo

LA GRAN AVENTURA

*"Obedecedme, y yo seré vuestro Dios
y vosotros seréis mi pueblo;
caminad por el camino
que os señalo, y os irá bien."*

Jeremías 7, 23

Muchacho:

¿Quieres vivir una aventura? Te propongo una en la que deberás afrontar riesgos y poner en juego tus certezas y tus dudas.

Tendrás que comprometerte con tu misión, pero recibirás a cambio un tesoro infinito. Quizás te acosen a lo largo del camino miles de problemas y debas enfrentar pruebas realmente duras, pero si trabajas con empeño y actúas con cordura saldrás de ella siempre airoso.

Te propongo la aventura de vivir, proyectando tu ideal a las alturas. El éxito está asegurado, mi Hijo te acompaña y yo te cuido.

Tu Padre celestial

== == === === =======

DETENERSE

"Yo no estoy en el mundo, mientras que ellos están en el mundo; yo voy hacia ti, Padre Santo."

Juan 17, 11

Mi joven hijo:

Detente. Deja de correr. Sé que quieres hacerlo todo: practicar deportes, estudiar, asistir a la reunión que te invitaron, todo deseas vivirlo intensamente. ¿Te preguntaste si tanto vértigo no vacía tu vida de un significado verdadero?

Eres un auto de carrera. Tienes toda la potencia en tu motor, pero será necesario que aminores la marcha para poder dar tiempo a tu mundo interior. Aprende a contemplar tu vida cotidiana, disfruta del silencio en la oración, escucha mi Palabra.

Búsqueda.doc

Tu Paz

La verdadera búsqueda

La pregunta es el fruto de una búsqueda. El hombre busca a Dios. El hombre joven comprende, en el fondo de sí mismo, que esta búsqueda es la ley interior de su existencia.

El ser humano busca su camino en el mundo visible; y, a través del mundo visible, busca el invisible a lo largo de su itinerario espiritual. (...)

Este mundo es maravilloso y rico, despliega ante la humanidad sus maravillosas riquezas, seduce, atrae la razón tanto como la voluntad. Pero, a fin de cuentas, no colma el espíritu. El hombre se da cuenta de que este mundo, en la diversidad de sus riquezas, es superficial y precario; en un cierto sentido, está abocado a la muerte.

Hoy tomamos conciencia cada vez más de la fragilidad de nuestra tierra, demasiado a menudo degradada por la misma mano del hombre a quien el Creador la ha confiado.

Juan Pablo II, 24 de agosto de 1997.

E-mails del Cielo

¡DESPIERTA!

*"Bendito el Señor, mi Roca,
que adiestra mis manos para el combate,
mis dedos para la batalla.
Mi aliado, mi alcázar,
mi baluarte donde me pongo a salvo."*

Salmo 144, 1-2

Jovencito:

Despiértate. Dormiste todo el día. ¿Crees acaso que el sueño va a solucionar alguno de tus problemas? Acepta lo que debes enfrentar. No es evadiéndote como vas a resolver tus asuntos. Confía en mis designios. No te di nada que no puedas soportar. Eres fuerte. Tienes la valentía que otorga el Espíritu.

Cruz.doc

El que te alienta y consuela

El mensaje de la Cruz

Es cierto que en nosotros la confianza tiene sus altibajos. Es verdad que nuestra mirada de fe a menudo está oscurecida por la duda y por nuestra propia debilidad. Humildes y pobres pecadores, aceptamos el mensaje de la Cruz. Para responder a nuestra pregunta: "Maestro, ¿dónde moras?", Cristo nos hace una llamada: venid y veréis; en la Cruz veréis la señal luminosa de la redención del mundo, la presencia amorosa del Dios vivo.

Juan Pablo II, 24 de agosto de 1997.

E-mails del Cielo

MIRAR MÁS ALLÁ

"El Señor de todos los vivientes avisa, y educa, y enseña y guía como pastor a su rebaño."

Eclesiástico 17, 13

Hijo:

¡Basta de quejarte! Quizás tengas que atravesar algunas pruebas, pero nada es imposible para el hombre que cree en su salvación. ¿Cómo puedes estar siempre de mal humor? A tu alrededor pasan cosas maravillosas que, lamentablemente, no estás dispuesto a ver.
Extiende la mano para ayudar a otros que sufren más que tú, acércate a los que te pueden necesitar, mira un poco más allá de tu mundo, de tu familia, de tu escuela.
Te interrogas sobre el sentido de la vida y sobre tu futuro. Piensa en aferrarte al amor, a la libertad, a la paz, a la esperanza. Yo haré que los propósitos que te planteas, si nacen realmente de tu corazón, obtengan éxito.

Bendición.doc

Tu Señor de la alegría

E-mails del Cielo

Bendición.doc

Pedí a Dios fortaleza para poder triunfar;
fui hecho débil,
para que aprenda humildemente a obedecer...

Pedí salud para poder hacer grandes cosas;
me fue dada la flaqueza,
para poder hacer mejores cosas...

Pedí riqueza para poder ser feliz;
se me dio pobreza,
para que pueda ser sabio...

Pedí poder para ser el orgullo de los hombres;
se me dio debilidad,
para que pueda sentir la necesidad de Dios...

Pedí todas las cosas para poder disfrutar la vida;
se me concedió vida,
para que pueda disfrutar todas las cosas...

No se me dio nada de lo que pedí,
pero todo lo que deseaba y algo más incluso, a pesar de mí:
las oraciones que expresé fueron respondidas...

¡De entre todos los hombres, yo he recibido la mejor bendición!

Anónimo

E-mails del Cielo

EL MAL EN EL MUNDO

"Practicad la justicia y el derecho, librad al oprimido del opresor."

Jeremías 22, 3

Muchacho:

Viste mucho dolor a tu alrededor y dijiste: "Dios no puede haber hecho esto." Viste sufrir a quien más quieres y repetiste: "Dios no pudo haberte hecho esto." Viste hambre, miseria, soledad, y gritaste: "¿¡Dónde está Dios!?"
Bien, aquí estoy, a tu lado, para que obtengas la fortaleza necesaria para consolar al que sufre, ayudar al que tiene hambre, sostener al que flaquea.
Te preguntas qué hago por la humanidad. Te respondo: Te he hecho a ti.
Déjate de hablar sobre los pobres, haz algo por ellos; deja de quejarte por la pobreza, abandona tu egoísmo y comparte con los que lo necesitan. Haz algo por alguien en tu barrio, en tu familia, en tu escuela...

Quien reparte los dones

== === ==============

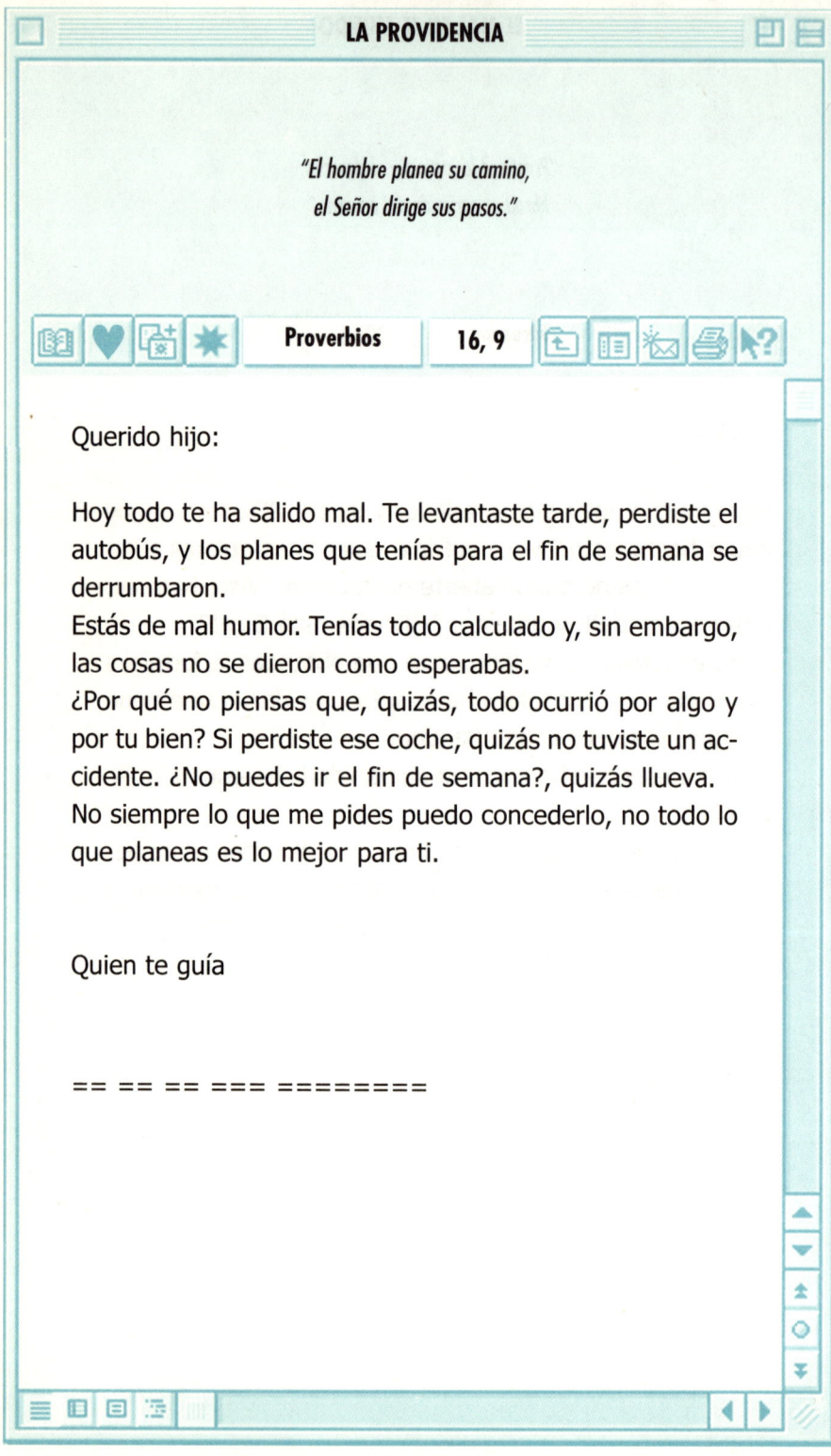

GESTOS DE AMOR

"Éste es mi mandamiento: que os améis unos a otros como yo os amé. Nadie tiene amor más grande que el que da la vida por los amigos."

Juan   15, 6

Mi joven amigo:

Alguien te reclamó un gesto de afecto, y a ti te parece que esas actitudes te hacen infantil. Supones que no es necesario decir "te quiero". Te equivocas. No basta vivir *junto a* alguien, debes vivir *para* ese alguien. Tus actitudes simples y cotidianas están hablando de tu amor. Tus palabras, tus caricias, son las muestras de que se puede contar contigo. No hace falta gritar "¡te amo!", pero es necesario demostrarlo.

Amor.doc

Tu amado Padre

La vida con amor lo es todo

La justicia con Amor te hace justo, sin Amor te hace duro.
La amabilidad con Amor te hace agradecido, sin Amor te hace hipócrita.
La inteligencia con Amor te hace servicial, sin Amor te hace cruel.
La agudeza con Amor te hace agradable, sin Amor te hace agresivo.
La autoridad con Amor te hace amable, sin Amor te hace un déspota.
La amistad con Amor te hace generoso, sin Amor te hace interesado.
El apostolado con Amor te hace un maestro, sin Amor te hace un ser extraño.
La alegría con Amor te hace altruista, sin Amor te hace egoísta.
La libertad con Amor te hace libre, sin Amor te hace despiadado.
Tus éxitos con Amor te hacen crecer, sin Amor te hacen orgulloso.
Tus enseñanzas con Amor te hacen admirable, sin Amor te hacen arrogante.
La vida con Amor, lo es todo, sin Amor, no vale nada.

IMAGEN DE DIOS

"Y creó Dios al hombre a su imagen; a imagen de Dios lo creó."

Eclesiástico 22, 15

Hijo:

Te preguntas de dónde vienes y hacia dónde vas. Te cuestionas quién eres. La repuesta es una sola. Yo soy tu punto de partida. Yo soy tu punto de llegada. Guío tus pasos, tus palabras, tu trabajo, tus sentimientos. Yo te tengo en mi mano para acariciarte y protegerte.

Deja que, como un mágico instrumento, deje salir de ti los mejores acordes.

Tú eres mi obra y yo vivo en ti.

Muñeca.doc

Tu Hacedor

La muñeca de sal

Una muñeca de sal recorrió miles de kilómetros de tierra firme hasta que, por fin, llegó al mar. Quedó fascinada por aquella móvil y extraña masa, totalmente distinta de cuanto había visto hasta entonces.

"¿Quién eres tú?", le preguntó al mar la muñeca de sal.

Con una sonrisa, el mar le respondió: "Entra y compruébalo tú misma."

Y la muñeca se metió en el mar. Pero, a medida que se adentraba en él, iba disolviéndose, hasta que apenas quedó nada de ella.

Antes de que se disolviera el último pedazo, la muñeca exclamó asombrada: "¡Ahora ya sé quién soy!"

E-mails del Cielo

UN RAYO DE LUZ

*"Venid a ver las obras del Señor,
pone fin a las guerras hasta el confín del orbe,
rompe los arcos, quiebra las lanzas, prende fuego a los carros."*

Salmo 46, 9-10

Mi amado muchacho:

El miedo de la guerra se cierne sobre el mundo. Las grandes potencias poseen poderosos armamentos, los hombres se reúnen y firman tratados que no cumplen, el odio, la mentira, la soberbia son moneda corriente. En medio de todo, crecen los niños y los jóvenes.

Tú eres un rayo de sol en la tormenta, porque tienes la gracia del amor, la fe de la salvación, la luz de la esperanza. Eres mi instrumento y, por lo tanto, te necesito para que enarboles la bandera de la paz.

Paz.doc

El que te libera

Constructores de paz

Vosotros, los jóvenes, estáis llamados a estar en primera fila en la reconstrucción de la paz.

Pero, para esto, sólo existe un camino: ponerse a la escucha de Cristo, dejándose empapar por la fuerza de su gracia.

Hace falta la audacia del perdón: pedir y ofrecer el perdón para liberar el corazón de sentimientos de odio y de venganza.

Juan Pablo II, Zagreb, septiembre de 1994.

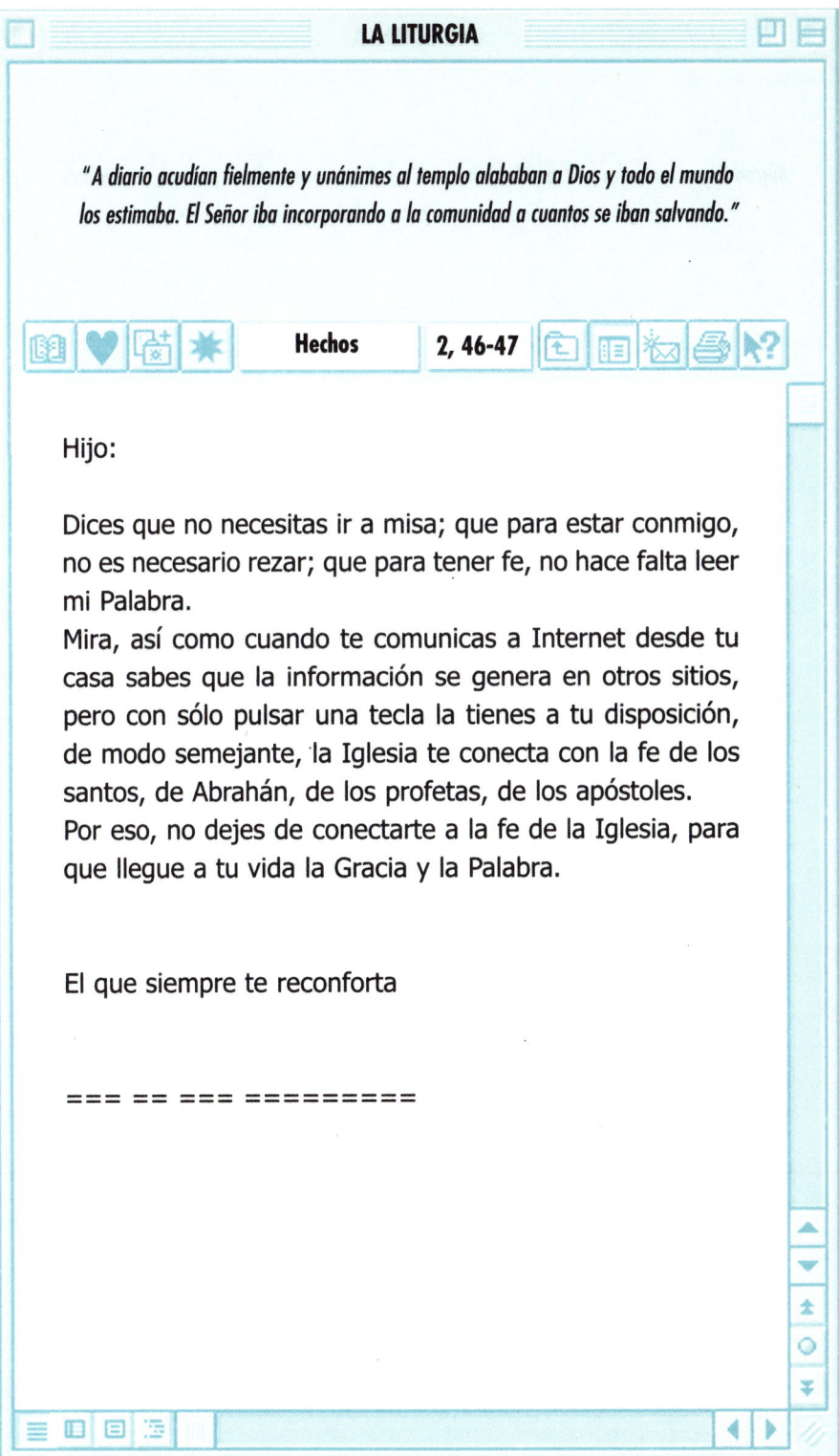

UNA SONRISA

"Buscad la paz con todos y la santificación (...). Vigilad para que nadie se prive de la gracia de Dios, para que ninguna raíz amarga crezca y dañe y contagie a los demás."

Hebreos 12, 14-15

Hijo mío:

¿No tienes nada para ofrecer? Ofrece una sonrisa; no hacen falta los gestos grandilocuentes, tan sólo ese gesto de afecto que otro ser humano está esperando.
Si estás dispuesto a sonreír, estás dispuesto a compartir el bien. Artífice de la civilización del amor, de la verdad, de la justicia, de la paz, busca tu auténtica espiritualidad y comparte una vida de oración con tus amigos, con tus padres, con tus compañeros.

Himno.doc

Tu Fuente de Vida

Himno al Amor

Hermanos:

El amor es paciente, afable; no tiene envidia; no presume ni se engríe; no es mal educado ni egoísta; no se irrita; no lleva cuentas del mal; no se alegra de la injusticia, sino que goza con la verdad.

Disculpa sin límites, cree sin límites, espera sin límites, aguanta sin límites.

El amor no pasa nunca.

¿El don de profecía?, se acabará. ¿El don de lenguas?, enmudecerá. ¿El saber?, se acabará.

Porque limitado es nuestro saber y limitada es nuestra profecía; pero cuando venga lo perfecto, lo limitado se acabará.

Cuando yo era niño, hablaba como un niño, sentía como un niño, razonaba como un niño; pero cuando me hice un hombre acabé con las cosas de niño.

Ahora vemos confusamente en un espejo; entonces veremos cara a cara. Mi conocer es por ahora limitado; entonces podré conocer como Dios me conoce.

En una palabra: quedan la fe, la esperanza, el amor: estas tres. La más grande es el amor.

Primera Carta a los Corintios 12, 31—13, 13

E-mails del Cielo

TU FAMILIA

*"Hijo sensato, alegría de su padre;
hijo necio, pena de su madre."*

Proverbios 10, 1

Hijo amado:

Ama a tu familia, ella es el mejor ámbito para crecer en la fe y en el amor. Yo soy tu padre y el padre de todos los hombres; Jesús es mi hijo y tu hermano, María, su madre, es quien sostiene con su amor a todos los hombres del mundo.

Es en la familia donde crece la fe, se construye la esperanza, es el nido donde protegerse del mundo que castiga, ataca y hostiliza. Únete a los tuyos para rezar. Haz de tu familia una Iglesia doméstica, un santuario donde yo esté presente.

Tu Dios-Familia

======== ===== =====

E-mails del Cielo

DIALOGAR

"Cuando oréis, no hagáis como los hipócritas, que aman rezar de pie en las sinagogas y en las esquinas para exhibirse a la gente (...). Cuando tú vayas a rezar, entra en tu cuarto, cierra la puerta y reza a tu Padre en secreto."

Mateo 6, 5-6

Hijo:

Estás desesperado porque dices que no te escucho. ¿No será que el que no me escucha eres tú? Tanto hablar, tanto pedir, tanto rogar. Cuando te pones a rezar, sólo resuena un mundo de murmullos internos.
Quédate en silencio y trata, plácido, de escuchar mi voz. Cierra tus ojos, cierra tus oídos, ciérrate al mundo, a los deseos, y ábrete a mi inconmensurable Amor. Serénate y repite mi nombre. Yo te sostendré y te daré mi bendición.

Quien cumple sus promesas

=== === === == ======

¡ADELANTE!

"Quien no carga con su cruz y me sigue no puede ser mi discípulo."

Lucas 14, 27

Hijo querido:

Tienes mi mano extendida, sólo tienes que tomarla. Hay una senda para transitar, tienes que encontrarla. Algunos dicen que el camino hacia mi Reino es angosto, que es como el filo de la navaja, filoso y difícil de recorrer. Lo que ocurre es que en la senda tienes que atravesar contradicciones, debes enfrentar deseos y tentaciones mundanas. Te pido que nades en el océano y, a la vez, que no te mojes, que vivas en el mundo pero con pureza, que seas como una bella flor que nace en el barro, pero se mantiene pura y limpia. ¡Difícil, pero no imposible!

El Señor de la Luz

== === == ==== ======

FALSOS PROFETAS

"Al Señor tu Dios adorarás, a él sólo darás culto."

Mateo 4, 10

Muchacho:

¡Cuídate de los falsos profetas! Te han invitado a una reunión donde un charlatán promete salvar tu vida, hacerte poderoso, todo a cambio de poder manejar tu existencia. Recuerda que yo te doy lo único que necesitas para ser feliz, tu libertad; yo te di la vida y te dejo vivirla, con amor, en paz, sin presiones, sin controles, sin artificios, sin falsos poderes. Usa tu sabiduría, tu lógica. No te dejes hipnotizar por falsas habladurías. Busca dentro de ti.

Tu único Señor

== === =============

TU DIGNIDAD

*"Felices los afligidos, porque serán consolados.
Felices los pobres, porque heredarán la tierra."*

Mateo 5, 4-5

Amado muchacho:

Mi Reino vive dentro de ti. Te hice a mi imagen y semejanza y aún dudas de tu capacidad de ser feliz, de ser poderoso. El poder que te di no tiene que ver con una posición social, no se refiere a ser el mejor en tu clase, el más fuerte en tu equipo, a poseer los mejores bienes materiales...
Si puedes darte cuenta de esto, todas tus miserias desaparecerán. No te sientas triste, no te sientas mal. Descubre tu verdadera naturaleza.

El Señor de la Alegría

== ================

E-mails del Cielo

DIVERSIONES

*"El vino y el licor alegran el corazón:
mejor que los dos es gozar del amor.
La flauta y la cítara armonizan el canto:
mejor que los dos una lengua sincera."*

Eclesiástico 40, 20-21

Joven amigo:

Sé que quieres divertirte, por eso vives pegado a la TV, leyendo historietas, quieres ir a pasear con tus amigos... buscas a toda costa la felicidad que te permita reír, gritar, saltar.

Te propongo otra clase de risa, te propongo la alegría incontenible de descubrir el Cielo dentro de ti. Si eres capaz de encontrar este tesoro, tendrás lo suficiente y podrás repartir a manos llenas, te sentirás feliz, confiado, seguro.

Poema.doc

El que te hace poderoso

Milagros

Creo que una hoja de hierba
es tan perfecta como la jornada sideral de las estrellas,
y una hormiga,
y un grano de arena,
y el huevo del abadejo
son perfectos también.

Y el zorzal en la rama es una obra maestra de Dios,
y la zarzamora podría adornar los salones del cielo,
y el tendón más pequeño de mis manos,
avergüenza a toda la maquinaria moderna,
y una vaca paciendo con la cabeza doblada
supera en belleza a todas las estatuas,
y un ratón es un milagro suficiente
para convertir a sixtillones de infieles.

Walt Whitman

TODO A SU TIEMPO

"Tiempo de nacer, tiempo de morir; tiempo de plantar, tiempo de arrancar; tiempo de llorar, tiempo de reír; tiempo de hacer duelo, tiempo de bailar; tiempo de abrazar, tiempo de desprenderse; tiempo de buscar, tiempo de perder; tiempo de callar, tiempo de hablar; tiempo de amar, tiempo de odiar; tiempo de guerra, tiempo de paz."

Eclesiastés   3, 2-8

Amado muchacho:

Quieres vivir a toda prisa. Vértigo y luces, gente, viajes, cibernética, virtualidad, palabras, movimiento, sonido... ¿Sabes? Todo puede ser bueno en su justa medida, pero también todo tiene su tiempo. Si sólo te dedicas a escuchar música es malo, pero si las notas armónicas te permiten soñar, eso es bueno. Si usas la computadora para estudiar, eso es bueno; si estás todo el día *pegado* a la pantalla con jueguitos, perderás el tiempo. ¿Sabes cuántos minutos tiene un día, y cuántos segundos? Inviértelos de la mejor manera y tus ganancias serán, a corto plazo, mucho mayores.

El Hacedor de tus Días

=== ===============

BIENVENIDO

*"¿Quién será fiscal de los que Dios eligió?
Si Dios absuelve, ¿quién condenará?"*

Romanos 8, 33-34

Hijo:

Mi perdón te recibe y te abraza. ¡Bienvenido a tu hogar! Te has confesado y eso es muy bueno, pero no basta. Procura proyectarte hacia un futuro donde tus actos erróneos no tengan lugar. No es atado al remordimiento como resolverás tus deudas.

Yo ya te perdoné, puedes estar seguro. No existe presente ni futuro, ni poderes ni altura ni hondura, ni criatura alguna que puedan separarte de mi Amor (cf. Rm 8, 38-39). ¡Fuerza! ¡Puedes empezar de nuevo!

Tu Redentor

== ==== ==== =======

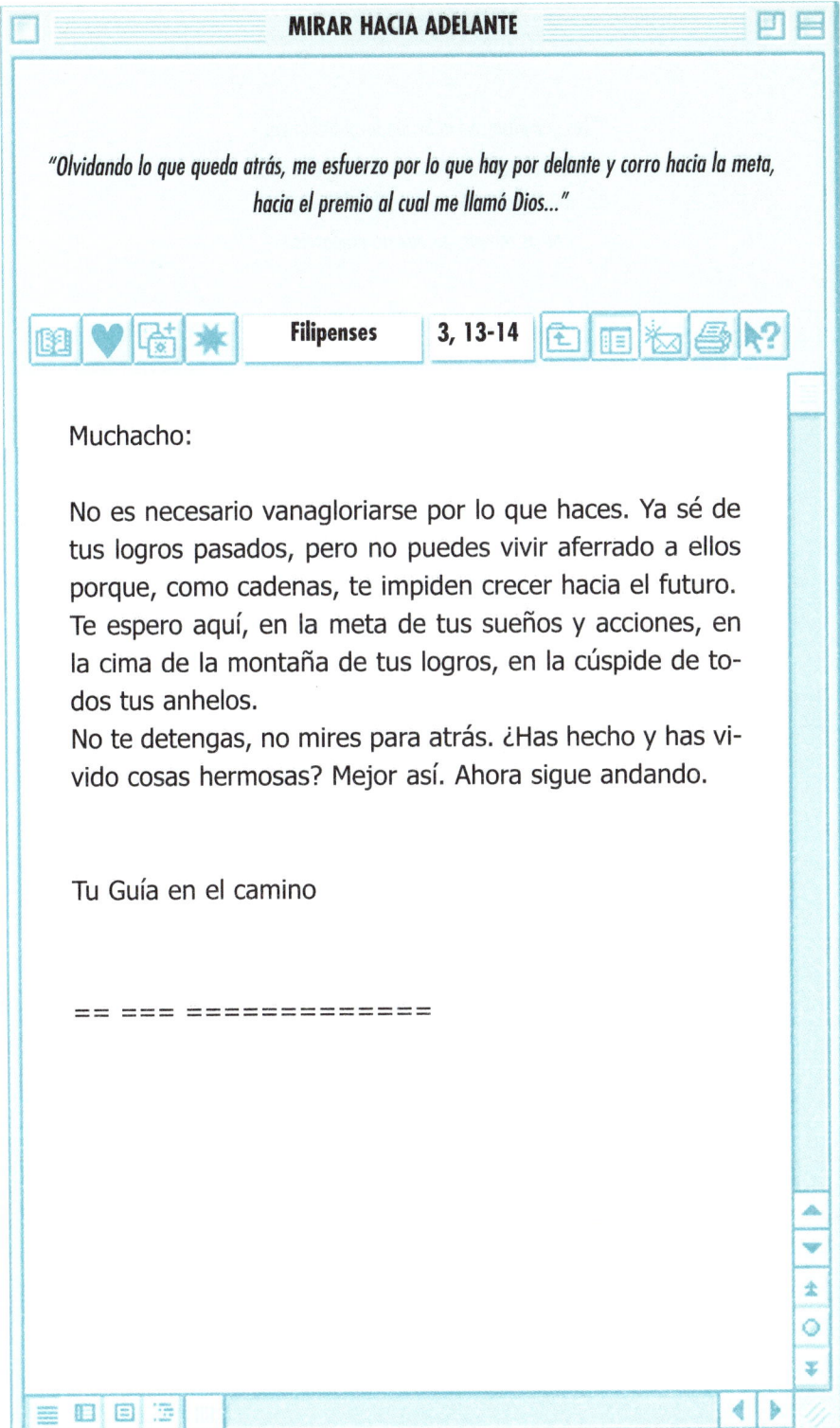

E-mails del Cielo

MIRAR HACIA ADELANTE

"Olvidando lo que queda atrás, me esfuerzo por lo que hay por delante y corro hacia la meta, hacia el premio al cual me llamó Dios..."

Filipenses 3, 13-14

Muchacho:

No es necesario vanagloriarse por lo que haces. Ya sé de tus logros pasados, pero no puedes vivir aferrado a ellos porque, como cadenas, te impiden crecer hacia el futuro. Te espero aquí, en la meta de tus sueños y acciones, en la cima de la montaña de tus logros, en la cúspide de todos tus anhelos.

No te detengas, no mires para atrás. ¿Has hecho y has vivido cosas hermosas? Mejor así. Ahora sigue andando.

Tu Guía en el camino

PREGUNTAS

*"Los que ensalzáis al Señor, levantad la voz,
esforzaos cuanto podáis, que aún queda más;
los que alabáis al Señor, redoblad las fuerzas,
y no os canséis, porque no acabaréis."*

Eclesiástico 43, 30

Hijo amado:

Te preguntas dónde comienza todo, dónde termina, cuál es el sentido de tu vida, de tus esfuerzos, te cuestionas sobre el fin último de la humanidad.

La sociedad cambia vertiginosamente y por tratar de seguir su ritmo pierdes, a veces, la verdadera y única misión para la cual fuiste creado. Te dejas seducir por concepciones mágicas, por supersticiones.

Cuando no tengas respuestas, déjate guiar por mi palabra, piensa en mi Hijo, quien vino al mundo para dar testimonio de la verdad, para salvar y no para juzgar, para servir y no para ser servido.

El Creador

Desafios.doc

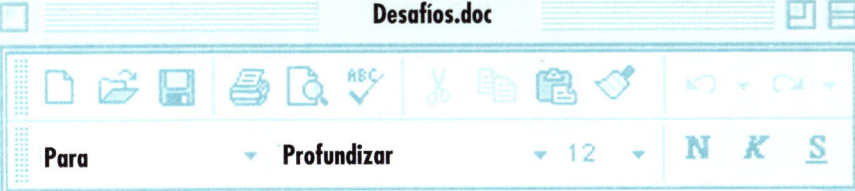

Desafíos de hoy

Jamás el género humano tuvo a su disposición tantas riquezas, tantas posibilidades, tanto poder económico. Y, sin embargo, una gran parte de la humanidad sufre hambre y miseria, y son muchedumbre los que no saben leer ni escribir.

Nunca ha tenido el hombre un sentido tan agudo de su libertad, y entretanto surgen nuevas formas de esclavitud social y psicológica (...). Se aumenta la comunicación de las ideas; sin embargo, aun las palabras definidoras de los conceptos más fundamentales revisten sentidos harto diversos en las distintas ideologías. Por último, se busca con insistencia un orden temporal más perfecto, sin que avance paralelamente el mejoramiento de los espíritus.

Afectados por tan compleja situación, muchos de nuestros contemporáneos difícilmente llegan a conocer los valores permanentes y a compaginarlos con exactitud, al mismo tiempo, con los nuevos descubrimientos.

La inquietud los atormenta, y se preguntan, entre angustias y esperanzas, sobre la actual evolución del mundo. El curso de la historia presente es un desafío al hombre que lo obliga a responder.

Constitución *Gaudium et spes,* Sobre la Iglesia en el mundo actual.

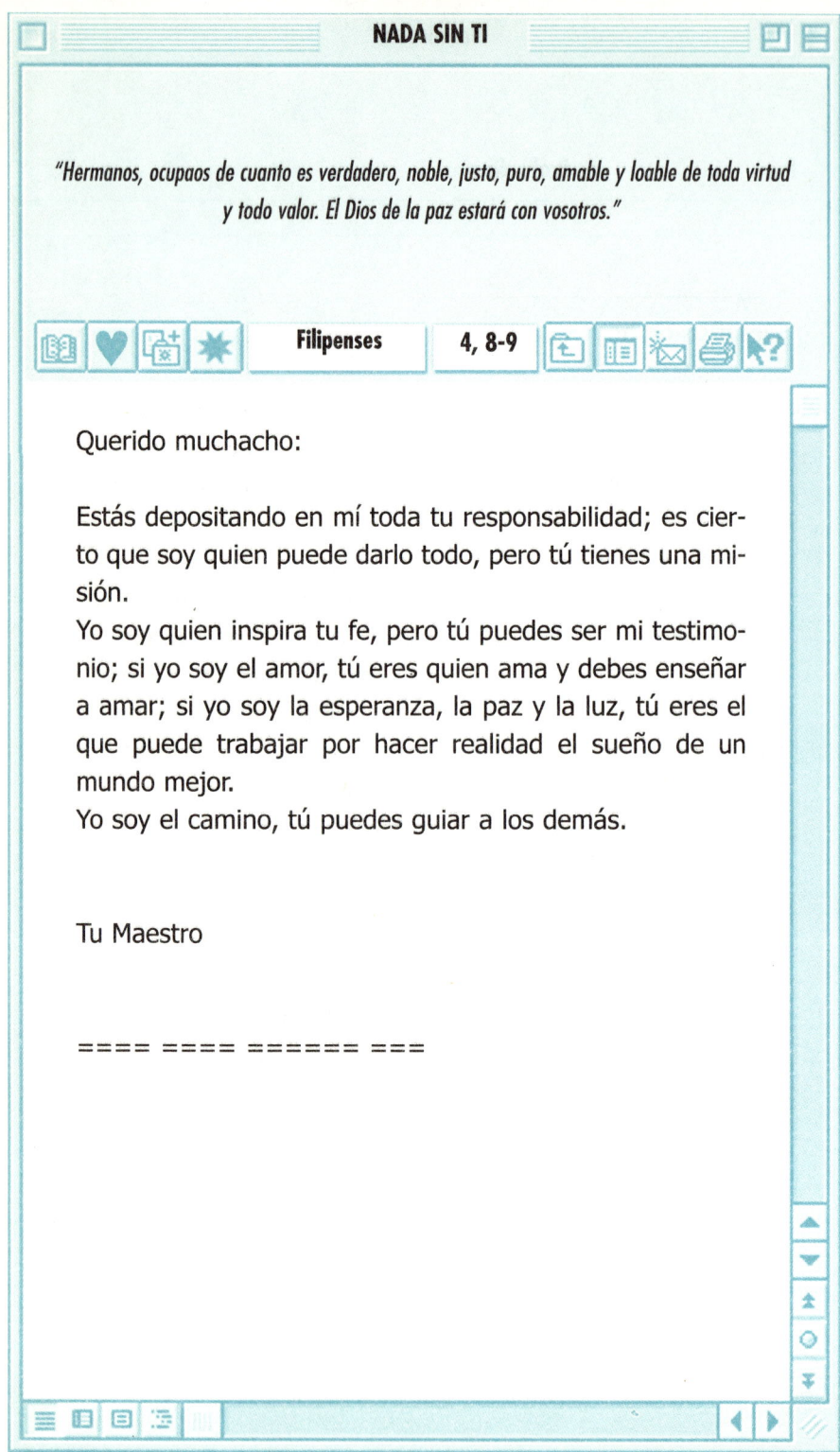

NADA SIN TI

"Hermanos, ocupaos de cuanto es verdadero, noble, justo, puro, amable y loable de toda virtud y todo valor. El Dios de la paz estará con vosotros."

Filipenses 4, 8-9

Querido muchacho:

Estás depositando en mí toda tu responsabilidad; es cierto que soy quien puede darlo todo, pero tú tienes una misión.

Yo soy quien inspira tu fe, pero tú puedes ser mi testimonio; si yo soy el amor, tú eres quien ama y debes enseñar a amar; si yo soy la esperanza, la paz y la luz, tú eres el que puede trabajar por hacer realidad el sueño de un mundo mejor.

Yo soy el camino, tú puedes guiar a los demás.

Tu Maestro

==== ==== ====== ===

E-mails del Cielo

UN AMIGO

"Has soltado un pájaro de la mano, así has soltado a tu amigo."

Eclesiástico   27, 19

Hijito:

Revelaste lo que tu amigo te había contado en el más absoluto secreto. Lo defraudaste. Destruiste la confianza que había depositado en ti. Ahora sólo te queda pedir perdón. Es posible que se aleje, que no quiera verte.
Se puede vendar una herida, se puede remediar un insulto (cf. Si 27, 21); tú has atentado contra la amistad y ahora debes esforzarte por reparar el dolor que causaste a tu amigo. ¡La reconciliación puede fortalecer los lazos de la amistad!

Tu Amigo

== ==== ==== =======

MORIR ES NACER

"Fe es la consistencia de lo que se espera, la prueba de lo que no se ve."

Hebreos 11,1

Hijo amado:

Ante la pérdida de un ser querido puedes fortalecerte. Recuerda que he creado a los hombres para un destino feliz más allá de los límites de la vida terrestre.

Lo que los hombres llaman "muerte" es sólo un nuevo nacimiento, es el encuentro con el Amor pleno, es volver al Hogar luego de un viaje de más o menos años.

No temas, no sufras. Quien hoy ha partido ya está gozando de la vida verdadera.

El Dios de la vida

=== === === ==== ====

RESPETAR LA VIDA

"¿No sabéis que sois templo de Dios y que el Espíritu de Dios habita en vosotros? Si alguien destruye el templo de Dios, Dios lo destruirá, porque el templo de Dios, que sois vosotros, es sagrado."

 1 Corintios 3,16-17

Amado hijo:

Ciertos hombres, en nombre de la ciencia, abandonan la ética y creen que son benévolos porque *ayudan a morir* o matan en el vientre de la madre; creen saber qué es mejor para los otros; niegan que yo soy quien dispone de la vida y de la muerte.

Otros hombres quieren ser dioses, creadores de vida, sueñan con insuflar el hálito mágico que otorgo a mis criaturas y entonces, omnipotentes, clonan seres vivos...

Buscan verdades entre el mundo de la materia y se desentienden de la íntima unión del hombre con mi Reino. ¿Ya reflexionaste sobre estos asuntos que conmueven a la humanidad?

El único Creador

== == == ===========

LA ABEJA

"La abeja es la menor entre lo que vuela, pero su cosecha es la más escogida."

Eclesiástico 11, 3

Adorado muchacho:

Tú eres mi pequeña abeja zumbona. Diminuto ser entre los hombres, grandioso ser de mi creación. Tus días son tejidos pacientemente por mi mano, por eso estoy seguro de que tu obra, como la dulce miel, será cosecha deseada, amada y respetada por quienes te rodean.
Feliz y libre como la abeja, brillante al sol, colaborador en la colmena, tu tarea se verá recompensada en la Tierra y en el Cielo.

Quien guía tus huellas

=== === == == == == ==

E-mails del Cielo

DE LA MENTE AL CORAZÓN

"La sabiduría de este mundo es necedad a los ojos de Dios."

1 Corintios 3, 19

Amado hijo:

Estudiar, leer, saber es importante para vivir. Pero, si te acercas al ideal religioso sólo a través del intelecto, perderás el verdadero objetivo. Muchos suponen que alcanzaron su máximo nivel espiritual porque pueden recitar un texto de memoria.

Los ideales religiosos deben ser vividos, puestos en práctica diariamente.

Tú eres un bendito ser espiritual, yo habito en tu alma y me manifiesto en cada una de tus acciones.

Quien te alienta y conforta

== === === === ======

VIVIR ES UN DON

"Cuando contemplo tu cielo, obra de tus manos, la luna y las estrellas que has creado, ¿qué es el hombre para que te acuerdes de él?"

Salmo 8, 4-5

Querido niño:

Asume tu tarea con entusiasmo, tu vida como un don. Ponte de pie y camina con la cabeza alta. Eres un joven lleno de inquietudes, de silencios, de ternura. Yo así te quiero, fresco, chispeante, contundente. Te regalo el mundo entero para que lo disfrutes. Sólo te pido que mantengas tu integridad, tu conciencia serena, que digas la verdad, que seas honesto. No es demasiado. Te di un alma noble y un espíritu sublime, sólo debes cuidarlo.

Salmo8.doc

El que guía tu andar

P. D.: Te invito a meditar el Salmo 8.

El Salmo 8

El Salmo 8 que hemos cantado nos ayuda a descubrir el verdadero valor de lo que somos a los ojos de Dios. Su autor, meditando en la quietud de la noche, y como interpretando nuestro propio sentir, se queda anonadado por la profundidad del silencio y la belleza del cielo estrellado. En su interior nace esta reflexión: ¡Semejante espectáculo no es más que la huella de la hermosura y bondad del Creador! Admira la Gloria, la Belleza y la Omnipotencia de Dios pero, en vez de sentirse avergonzado por la insignificancia y pequeñez de ser criatura, exclama: "¿Qué es el hombre para que te acuerdes de él?" (Sal 8, 5).

El salmista comienza a saborear la ternura gratuita de Dios, porque ha comprendido que el objeto de su predilección no es el firmamento sino el hombre en su pequeñez. Cada uno de vosotros, jóvenes amigos, sois los predilectos de la creación de Dios. Por ello habéis sido capacitados por Dios para inundar la tierra de su gloria, de su amor, justicia, vida y verdad.

"¿Qué es el ser humano para que le dieses poder?" (Sal 8, 5). Dios se ha complacido en revestirnos y coronarnos de su misma dignidad y gloria. Pero su gloria, que es también la gloria de su Hijo, —"Padre, ha llegado la hora, glorifica a tu Hijo, para que tu Hijo te glorifique a ti" (Jn 7, 1)—, está en que deis la vida hasta el extremo, en que sepáis compartir los dones que ha sembrado en vosotros, para hacer presente su Reino en medio del mundo.

Juan Pablo II a los jóvenes, 8 de mayo de 1990.

E-mails del Cielo

TOMÁS

"Si no veo en sus manos la marca de los clavos (...) no creeré."

Juan 20, 25

Mi querido muchacho:

Todo el tiempo me pides pruebas, quieres que me presente ante ti. ¿Acaso no sabes que siempre estoy contigo?

Te contaré una historia: cuando mi Hijo se apareció a sus discípulos, luego de ser crucificado, Tomás no estaba allí, de modo que, cuando le contaron el suceso, no lo creyó. Decía que necesitaba pruebas contundentes, ver la marca de los clavos, su costado sangrante.

Cuando Jesús, ocho días más tarde, volvió a reunirse con sus discípulos y allí vio a Tomás, lo ayudó a constatar sus dudas. El joven recién entonces creyó en Él y en su grandeza.

Tomás necesitó ver para creer, por eso Jesús dijo: "Dichosos los que creerán sin haber visto."

Busca dentro de tu corazón, allí están todas las respuestas, allí estoy yo presente.

Quien siempre te acompaña

= ==== ==== ====== =

DISCUSIONES

"Perdona la ofensa de tu prójimo, y se te perdonarán los pecados cuando lo pidas."

Eclesiástico 28, 2

Muchacho:

¡Deja ya de pelear con tu hermano! Él tuvo la culpa, bueno es perdonarlo. Te equivocaste, bueno es pedir perdón. Ya basta de tus rebeldías y tus enojos.

Sé —porque de verdad lo sé— que amas a tu hermano más que a nadie y que no dejarías que nada lo lastime. Sin embargo, has hecho de la pelea una rutina. Siempre encuentras un motivo para enfrentarte.

Si realmente confías en mí, deja que dirija tu vida. Sé humilde, mantén tu corazón libre de rencores, sé sensible, compasivo, misericordioso, amable y bueno. Déjame guiarte por el camino del bien.

Tu mejor amigo

=== == === == =======

E-mails del Cielo

ABRIR EL CORAZÓN

*"No temas, sigue hablando y no te calles,
que yo estoy contigo y nadie podrá hacerte daño..."*

Hechos 18, 9-10

Mi querido hijo:

Ábreme tu corazón, yo depositaré en él todas mis bendiciones. Quiero que estés en comunión conmigo. ¡Cuéntame de tus cosas!, ¡háblame de tu vida! Elévate hacia mí con palabras sinceras y yo te daré a beber de mi amor infinito. Confía en que contestaré siempre tu ruego.

Me dices que no hay tiempo, que el trabajo y los estudios... No esperes encontrar un momento o un sitio en especial; dondequiera que estés puedes hablar conmigo. Abre la puerta de tu corazón e invítame a vivir en tu alma como huésped celestial. Recíbeme como un amigo.

Quien siempre te conforta

=== === == === ======

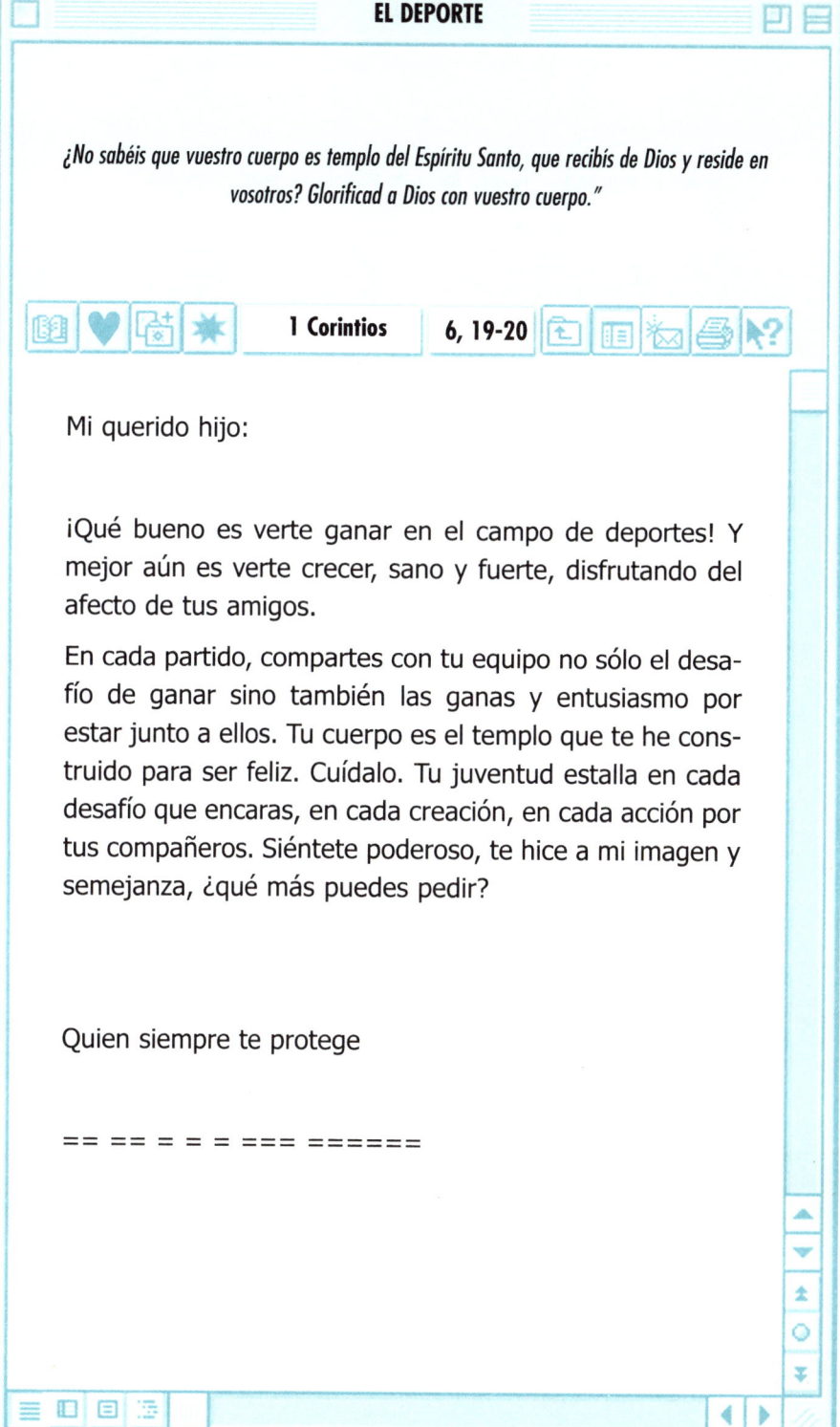

EL DEPORTE

¿No sabéis que vuestro cuerpo es templo del Espíritu Santo, que recibís de Dios y reside en vosotros? Glorificad a Dios con vuestro cuerpo."

1 Corintios   **6, 19-20**

Mi querido hijo:

¡Qué bueno es verte ganar en el campo de deportes! Y mejor aún es verte crecer, sano y fuerte, disfrutando del afecto de tus amigos.

En cada partido, compartes con tu equipo no sólo el desafío de ganar sino también las ganas y entusiasmo por estar junto a ellos. Tu cuerpo es el templo que te he construido para ser feliz. Cuídalo. Tu juventud estalla en cada desafío que encaras, en cada creación, en cada acción por tus compañeros. Siéntete poderoso, te hice a mi imagen y semejanza, ¿qué más puedes pedir?

Quien siempre te protege

== == = = = === ======

E-mails del Cielo

¡NO TEMAS!

"No hay criatura oculta a su vista, todo está desnudo y expuesto a sus ojos."

Hebreos 4, 13

Mi amado muchacho:

¿Por qué temes? Tienes que decidir sobre tu futuro, no sabes cómo resultarán las cosas. ¿Una nueva casa?, ¿un nuevo colegio?, ¿nuevos amigos?, ¿otra ciudad? En realidad, aunque te quedes en el mismo sitio, recuerda que la vida es un viaje, que el cambio forma parte de ella.

Confía en mí. A tu edad, los miedos, las indecisiones y hasta las tristezas son normales.

Quizá estés deprimido, quizás sientas que no puedes expresar todo lo que sientes, que ni tu mejor amigo puede comprenderte.

Yo soy el Amigo con el que puedes compartir todo. ¿Acaso no sientes, cuando todo anda mal, que hay algo más allá de ti mismo que te cuida?

Mi Espíritu te acompaña. Desecha las ansiedades. Nadie mejor que yo para saber lo que necesitas. Nada te faltará.

Tu Padre en el Cielo

== == = = = = ========

E-mails del Cielo

COMUNIÓN

"Prestad oído, venid a mí, escuchadme y viviréis."

Isaías 55, 3

Querido niño:

¡Qué bueno fue verte entrar en la iglesia! Eras todo luz, todo alegría. Cuando te vi sentado, en profunda oración, te sentí muy cerca, muy confiado y feliz.

Entraste despacio, silencioso, pero sé que, cuando te serenaste, cuando tu corazón marchó lento y seguro, una profunda paz se apoderó de ti.

Qué hermosa tu presencia, que grande mi alegría de verte comulgando. Qué hermoso el momento en que sellaste con tu Amén nuestro pacto de fe.

El que siempre te espera

== = = = ===== ==== ==

E-mails del Cielo

DESPRENDERSE

"Felices los pobres, porque de ellos es el Reino de Dios."

Lucas 6, 20

Hijo:

Hubo un santo, Francisco de Asís, que dijo: "Yo necesito pocas cosas, y las pocas cosas que necesito, las necesito poco." ¿Estás dispuesto a desprenderte de todo aquello que te ata inútilmente?

Te propongo un ejercicio: haz un lista de todas aquellas cosas que necesitas realmente y apunta, luego, todo lo que el mundo te ofrece como importante pero que realmente no lo es.

Tú sabes mejor que nadie qué escribir. Yo te he dado un espíritu libre y un corazón puro. En tus manos está decidir.

Quien confía en ti

== == = ==== ========

LUCHA COTIDIANA

"Dichoso el varón que soporta la prueba, porque, al salir airoso, recibirá la corona de la vida que el Señor prometió a los que lo aman."

Santiago, 1, 12

Hijo amado:

Para ti todo lo bueno, para ti lo mejor. ¿Crees que no es así porque debes luchar diariamente, porque cada mañana al levantarte tienes que cumplir un desafío, porque no puedes tener todo lo que deseas? Lo mejor no es necesariamente hacerte un hombre débil, protegido, inseguro. Lo bueno para ti es crecer derrotando lo que te molesta, peleando con lo que te incomoda.

¡Sí, tú puedes y yo confío en ti! ¿Cómo es que tú no confías en mí?

Camino.doc

Tu Protector

Camino.doc

Para · Profundizar · 12 · N K S

El camino arduo

¿Por qué, Señor, te pido trabajo y no tiempo de descanso?

¿Por qué te pido problemas y no soluciones para los que ya tengo?

¿Por qué me preocupo tanto de mis cosas y no delego responsabilidades a los que me rodean?

¿Por qué te pido un camino con obstáculos y no uno limpio y tranquilo?

¿Por qué te pido tiempos difíciles?

¿Por qué te ofrezco mi esfuerzo para demostrarte que estoy agradecido, y no sólo me acuerdo de ti cuando estoy desesperado?

....

¿Por qué tengo que ir abriendo brecha y no puedo utilizar caminos ya trazados?

Yo no puedo dar respuestas a todas mis dudas, pues sólo Tú las sabes.

....

Dentro de todas mis dudas, sé que este camino es el único que me va a llevar a convertirme en un hombre.

Sé que es el camino más difícil, pero es también el que vale la pena y el único que se puede voltear a ver con orgullo, cuando se está al final. La únicas dos armas que tengo para tratar de cruzarlo, son la voluntad y la fe, la fe en ti y en mí. Sé que si las manejo bien, podré llegar al final.

Veamos hasta dónde puedo...

Carlos Sánchez Baz

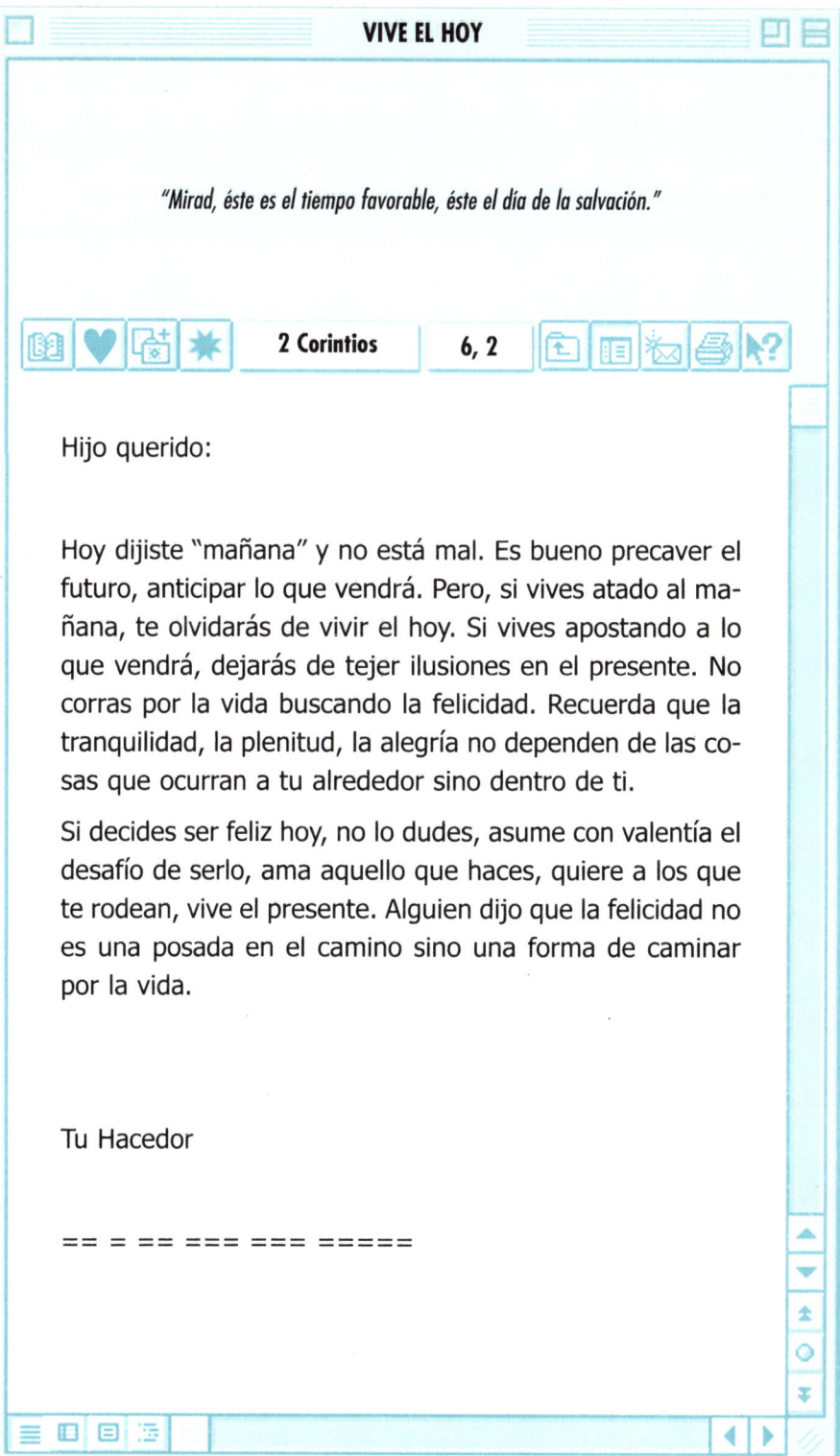

VIVE EL HOY

"Mirad, éste es el tiempo favorable, éste el día de la salvación."

2 Corintios 6, 2

Hijo querido:

Hoy dijiste "mañana" y no está mal. Es bueno precaver el futuro, anticipar lo que vendrá. Pero, si vives atado al mañana, te olvidarás de vivir el hoy. Si vives apostando a lo que vendrá, dejarás de tejer ilusiones en el presente. No corras por la vida buscando la felicidad. Recuerda que la tranquilidad, la plenitud, la alegría no dependen de las cosas que ocurran a tu alrededor sino dentro de ti.

Si decides ser feliz hoy, no lo dudes, asume con valentía el desafío de serlo, ama aquello que haces, quiere a los que te rodean, vive el presente. Alguien dijo que la felicidad no es una posada en el camino sino una forma de caminar por la vida.

Tu Hacedor

== = == === === =====

E-mails del Cielo

AQUÍ ESTOY

"Llévame a una roca inaccesible, porque has sido mi refugio, mi bastión frente al enemigo."

Salmo **61, 3-4**

Hijo:

¿Acaso no lo sabes? Estoy aquí, a tu lado, como siempre desde el origen de los tiempos. No aceptes que te digan que no existo, no escuches si te hablan de un mundo sin creencia. ¿No me viste en la noche, dormir junto a tu almohada?, ¿no me viste en tus sueños concretados, en tu esperanza cierta? Estoy siempre dispuesto a protegerte, a cuidarte, no importa lo que pase.

Cuenta a tus amigos de nuestra historia de padre y de hijo, que están unidos, que se hablan, que siempre tienen algo para comunicarse.

No es tan difícil conectarse conmigo. Háblales de nuestro amor incondicional.

Tu Roca

Ilusiones.doc

Ilusiones.doc

Para Profundizar 12 N K S

Recuperar las ilusiones

Vosotros, jóvenes, sabéis muy bien que muchos coetáneos vuestros viven en este mundo como heridos por la desesperanza. El aguijón de la desilusión se ha clavado en ellos. Creen que ya nada ni nadie podrá cambiar el rostro dolorido y sufriente del mundo en que vivimos. Piensan que la marcha de los acontecimientos de la historia es como un barco cuyo único timón está en manos del poder del dinero y en los intereses políticos de unos pocos. Sus vidas se sumergen y se dejan arrastrar por lo que hoy se denomina la crisis de las utopías. La sombra del tedio, del vacío y del desencanto han dejado sus huellas en jóvenes vidas que deberían ser ilusión y promesa del futuro. Y os preguntáis: ¿Cómo es posible que muchos jóvenes compañeros y amigos nuestros estén cansados y aburridos de la vida antes de empezar a vivirla? ¿Cómo entender que estén ya de vuelta sin haber llegado todavía a ninguna parte?

El mundo de hoy necesita no sólo de la juventud como realidad sociológica, sino de la juventud del Espíritu de Cristo que habita en vosotros. Se necesita escuchar la voz límpida de los jóvenes que han experimentado cómo el fuego del amor de Cristo ardía en sus corazones. ¡Jóvenes, ayudad a vuestros amigos a salir de la cárcel de la indiferencia y la desesperanza! ¡Cristo os llama a resucitar en otros jóvenes la ilusión por la vida!

Juan Pablo II a los jóvenes, 8 de mayo de 1990.

E-mails del Cielo

GRANDES IDEALES

"Olvidando lo que queda atrás, me esfuerzo por lo que hay por delante y corro hacia la meta, hacia al premio al cual me llamó Dios desde arriba por medio de Cristo Jesús."

Filipenses 3, 13-14

Mi querido hijo:

Quieres ser independiente, volar lejos, viajar, tener una vida espléndida. Sin duda que tu vida debe ser plena, intensa, maravillosa, pero no dejes de fijarle una meta. Inicia el viaje colocando en tu maleta generosidad, sonrisas, dádivas.

Si armas tu travesía pensando sólo en ti, a mitad de camino quedarás muy solo. Incluye en este derrotero a tus hermanos, a tus amigos en la fe. Todo lo que está por delante te pertenece, pero no olvides que el futuro te plantea un reto: disponer de tu vida, apropiarte de ella con toda intensidad para entregarla a los que te necesitan. Despréndete de las cosas de este mundo. Fija un camino y recórrelo.

Tu Luz en el camino

====== === == == ===

DE PADRE A HIJO

*"El Señor es mi pastor, nada me falta.
En verdes praderas me hace recostar,
me conduce hacia fuentes tranquilas
y repara mis fuerzas;
me guía por senderos oportunos..."*

Salmo 23, 1-3

Hijo querido:

Nos comunicamos diariamente y ha nacido entre nosotros una profunda comunión. Estoy siempre contigo cuando trabajas, cuando estudias, cuando te relacionas con tus amigos, en cada acto de tu vida.
No hay momento, por pequeño o por grande y noble que sea, en el que no te acompañe. No prescindas de mí.
En tu atareada y a veces precipitada vida, mi infinita presencia puede parecerte innecesaria. Te aseguro que en la maraña de días y noches, mi ser se te hará tangible en las pequeñas realizaciones cotidianas.

Tu Compañero de ruta

== == === === =======

E-mails del Cielo

RELIGIÓN

"Si os mantenéis fieles a mi palabra, seréis realmente discípulos míos, entenderéis la verdad, y la verdad os hará libres."

Juan 8, 31-32

Hijo:

Te explicaron que *religión* significa *re-ligar (unir, ligar con fuerza);* claro que también te explicaron que por eso *ata* con reglas, leyes y preceptos.
¿Crees realmente que te pediría algo que te privara del mismo derecho que te di de actuar y pensar libremente? Si para seguirme te propongo ciertas normas, piensa que es para liberarte de todo mal, especialmente del pecado.

El Dador de la libertad

== === === ===== ====

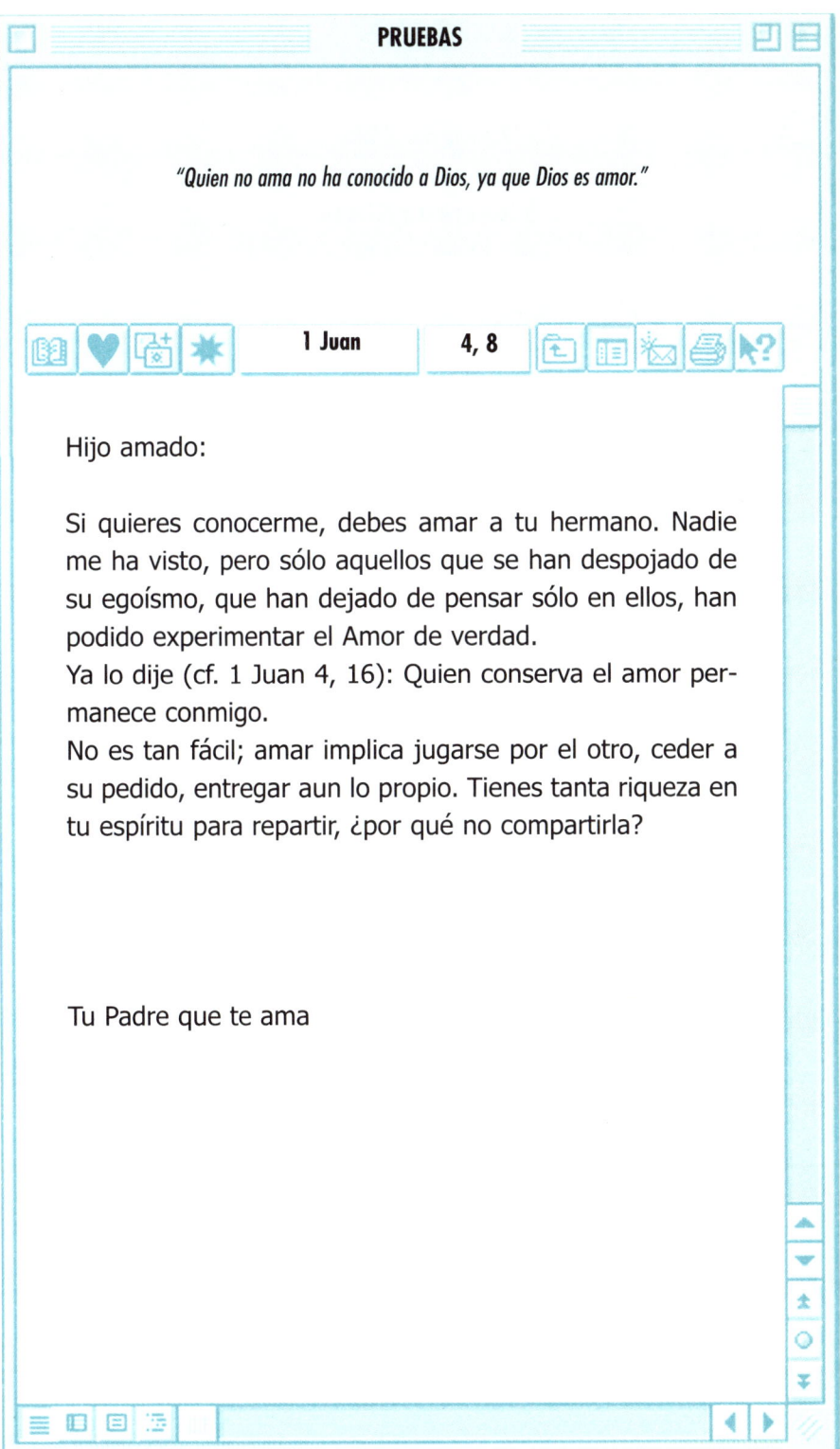

PRUEBAS

"Quien no ama no ha conocido a Dios, ya que Dios es amor."

1 Juan 4, 8

Hijo amado:

Si quieres conocerme, debes amar a tu hermano. Nadie me ha visto, pero sólo aquellos que se han despojado de su egoísmo, que han dejado de pensar sólo en ellos, han podido experimentar el Amor de verdad.
Ya lo dije (cf. 1 Juan 4, 16): Quien conserva el amor permanece conmigo.
No es tan fácil; amar implica jugarse por el otro, ceder a su pedido, entregar aun lo propio. Tienes tanta riqueza en tu espíritu para repartir, ¿por qué no compartirla?

Tu Padre que te ama

UNIÓN

*"Una cosa pido al Señor,
es lo que busco:
habitar en la casa del Señor
todos los días de mi vida..."*

Salmo 27, 4

Hijo:

¿Te preguntas cómo acercarte más a mí, cómo nombrarme, como consustanciarte conmigo?

Querido muchacho, estás cerca de mí cuando tu alma está serena, cuando sientes que el pecho te estalla, que abandonas el odio, el placer, el dolor; cuando sientes que el amor todo lo abraza. En ese momento, el tumulto del mundo desaparece y nace la luminosa visión de mi ser.

Es en ese instante, en que la verdad brilla en tu interior, en que el misterio de la vida se resuelve para ti y todo se ilumina con una nueva luz, cuando compruebas que nada puede separarnos.

Insistir.doc

Tu Padre omnipresente

== == == ============

¡NO DESISTAS!

Cuando vayan mal las cosas, como a veces suelen ir,
cuando ofrezca tu camino sólo cuestas que subir,
cuando haya poco haber pero mucho que pagar,
y precises sonreír aún teniendo que llorar;
cuando ya el dolor te agobie y no puedas sufrir más...
descansar acaso debas, pero nunca desistir.

Tras las sombras de la duda, ya planteadas, ya sombrías
puede bien surgir el triunfo, no el fracaso que temías
y no es dable a tu ignorancia, figurarse cuán cercano
puede estar el bien que anhelas y que juzgas tan lejano.

Lucha pues, por más tengas en la brega que sufrir
cuando todo esté peor; ¡más debemos insistir!

Rudyard Kipling

E-mails del Cielo

SIEMPRE JUNTOS

"Cuando recéis, no seáis palabreros como los paganos, que piensan que a fuerza de palabras, serán escuchados. No los imitéis pues vuestro Padre sabe lo que necesitáis antes de que se lo pidáis."

Mateo   6, 7

Mi muy querido hijo:

Ha llegado el momento de despedirnos. Pero sólo por este medio. Nosotros estaremos siempre unidos. Nada puede separarnos, nada te puede alejar de mí.
Mi Hijo te enseñó una fórmula para que me invoques desde lo más profundo de tu ser, no la olvides.
Recuerda que siempre tengo mis brazos abiertos para recibirte en mi corazón.

Padrenuestro.doc

El que más te ama

== == == == =========

E-mails del Cielo

Padrenuestro.doc

Para ▼ **Profundizar** ▼ 12 ▼ **N** *K* <u>S</u>

Padre nuestro,
que estás en los cielos,
santificado sea tu nombre;
venga a nosotros tu reino;
hágase tu voluntad,
así en la tierra como en el cielo.
Danos hoy nuestro pan de cada día;
y perdónanos nuestras ofensas,
como también nosotros perdonamos a los que nos ofenden.
No nos dejes caer en la tentación,
mas líbranos del mal.
Amén.

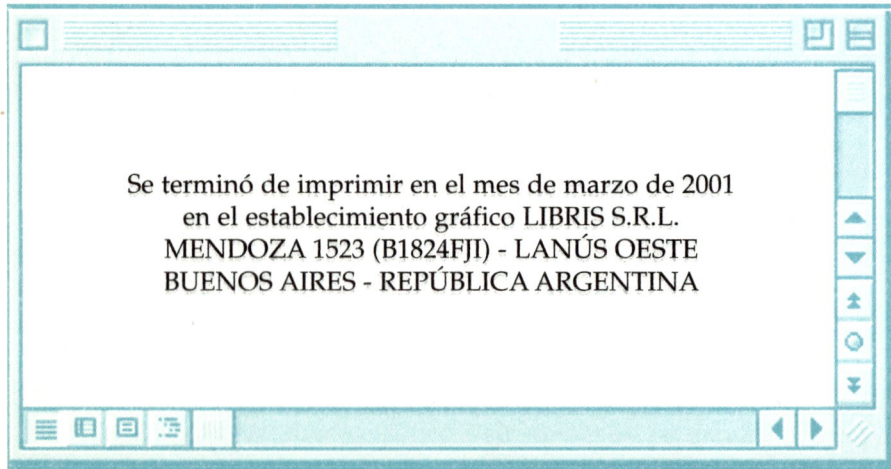

Se terminó de imprimir en el mes de marzo de 2001
en el establecimiento gráfico LIBRIS S.R.L.
MENDOZA 1523 (B1824FJI) - LANÚS OESTE
BUENOS AIRES - REPÚBLICA ARGENTINA